I0370507

www.ingramcontent.com/pod-product-compliance
Lightning Source LLC
Chambersburg PA
CBHW042024100526
44587CB00029B/4289
*9781738963027*

# شِبلُ المَغارَة

فرنسيس داغر

# شِبلُ المَغارَة

تورونتو - كندا

٢٠٢٣

**العنوان:** شِبلُ المَغارَة

**المؤلّف:** فرنسيس داغر

**الناشر:** عائلة فرنسيس داغر

**بريد إلكتروني :** bdagher@rogers.com

**تدقيق وتنسيق:** الأب رامي شُلَّمي الأنطوني

**بريد إلكتروني :** choullami@gmail.com

**الطبعة الأولى:** تورونتو - كندا، ١٩٩٣

**الطبعة الثانية:** تورونتو - كندا، ٢٠٢٣

© الحقوق بأجمعها محفوظة للناشر

ISBN: 978-1-7389630-2-7

# الإهداء

## بقلم المؤلّف

إلى أولئك الذين "بنَوا في الدنيا وفي الآخرة دياراً،

إلى الآباء والأجداد الذين ركبوا الصعاب، وصارعوا الطبيعة فبرّحتهم، ثمّ ماتوا جنوداً مجهولين، مخلّفين ضياعاً عامرة ينعم في أرجائها الأبناء والأحفاد،

إلى مَن لوَّحتهم شمس الجبل وعرَكتهم عواصف كانون،

إلى مَن سلكوا إلى المجد كلَّ سبيل،

إلى أبناء بلدتي وأبناء عائلتي الأعزَّاء،

وتخليداً لذكرى الأجداد السالفين ووفاءً لهم،

أهدي كتابي علَّه يكون حافزاً لاقتفاء أثرهم في البذل والعطاء، والكدّ والجهاد في سبيل الحريَّة والاستقلاليَّة والعيش الكريم.

# تصدير
# الطبعة الثانية

**بقلم الأب رامي شُلَّمي الأنطوني**

"شبل المغارة"، كتابٌ قرأته في ليلةٍ واحدة، ليس فقط لأنَّ صفحاتِه لا تتعدَّى المئة والخمسين، ولا لأنَّ أسلوب مؤلِّفه من السهل الممتنع، ولا لأنَّ سرد الأحداث ممتع ومشوِّق، بل أيضًا لأنَّه يحكي سيرة أناسٍ طيِّبين عايشتهم في كندا فأحببتهم، وبتُّ واحدًا منهم إلى درجة منحي لقب "المختار". هُم آل داغر الكرام، أحفاد شبلي داغر، وأبناء بلدة ضهر المغارة الشوفيَّة.

بعد انتهائي من قراءة هذا الكتاب، طلبت من بسَّام، الابن الأكبر للمؤلِّف فرنسيس داغر، أن يمنحني شرف مساعدته في إصدار ما تبقَّى من مؤلَّفات والده، وأن نعيد طباعة كتاب "شبل المغارة" بحلَّة جديدة ومنقَّحة؛ مزيَّنة بالوثائق والصور. والجديد في هذه الطبعة أيضًا، هو المجهود الكبير الذي وضعه بسَّام لإكمال شجرة العائلة، منذ تأليف والده للكتاب سنة ١٩٩٣، ولغاية إتمام الطبعة الثانية سنة ٢٠٢٣. وقد شهدتُ صعوبة الأمر وملاحقته من خلال الاتصال بأهل ضهر المغارة في لبنان وكند وأستراليا، وإضافة أسماء المواليد الجدد لثلاثة أجيالٍ تعاقبت خلال ثلاثين سنة.

في الختام، ليس لي من أمر سوى أن أطلب الرحمة للمؤلِّف فرنسيس داغر، على المجهود الكبير الذي وضعه ليؤرِّخ لبلدته منذ نشأتها؛ هو الذي اختبر السلم والحرب في بلده لبنان، والغربة في بلده الثاني كندا، فكان هاجسه الأوَّل والأخير أن

يترك لأحفاده قصَّة نضالٍ جميلة خطَّها الجدُّ الأوَّل "شبلي" في أرضٍ جرداءَ قاحلة؛ فكان قلمُهُ ساعدَهُ، وحبرُهُ عرقَهُ، وأوراقُه صخورًا فتَّتها ليجعلها أرضًا خصبةً، وجنَّةً غنَّاء.

مع محبَّتي وتقديري لآل داغر الكرام، ولجميع أبناء ضهر المغارة في لبنان وبلدان الانتشار...

ميلبورن – أستراليا
٦ تشرين الأوَّل ٢٠٢٣

# تصدير
# الطبعة الأولى

**بقلم صبحي جورج داغر**

ليلة وصلَني بريد كندا، حاملاً مسودّة سيرة "شبل المغارة"، لم يعانق النوم جفنَيّ. فقد سهرت حتى طلوع الفجر مع أجدادي وأسلافي، حيث راحوا يسامرونني ويحدّثونني عن أمجادٍ وبطولات. أبحرتُ تلك الليلة في الزمن، وعدت إلى القرن التاسع عشر؛ طوّقت مع أبطال السيرة في مفازات إقليم الخرّوب، ووعر "ضهر المغارة"، و"بقعون"، و"الدلهميّة"؛ عانقت وجوهاً حبيبةً غابت عن الزمن و لم تغب يوماً عن القلب.

وفي تلك الليلة عدت أيضاً إلى ذكريات أخرى قريبة، تذكّرت يوم زارني المؤلّف في آخر زيارة له إلى لبنان، وراح يستجوبني سائلاً عن ذكرياتي مع جدّي إبراهيم، وعمّا أخبرني إيّاه عن والده شبلي وإخوته. حينها داعبني حلمٌ جميلٌ تراءى لي للحظات... ولكن لم يخطر ببالي أبداً أن يحقّق الأستاذ فرنسيس هذا الحلم، وأن ينقل على الورق ما اختزنه شيوخ "ضهر المغارة" في ذاكرتهم الشعبيّة من أخبار حول مارد الإقليم وباني "ضهر المغارة"؛ شبلي داغر.

ويبقى السؤال: شبلي داغر، موضوعُ كتابٍ، لماذا؟

هل بنى الأهرام؟ هل نظم الإلياذة، أو ترجمها؟ هل كان من أصحاب المعالي أو من أعضاء مجلس الإدارة؟

هذه التساؤلات صحيحة ومُحِقّة إذا طرحها مَن لم يعرف شبلي داغر ولم يعرف ما فعل وما أورث. شبلي داغر (شِبلُ المَغارة) مَن تراه ذلك المارد الأسمر المجنون، الذي راح يحلم بامتلاك ضيعة؟ وهو الشريك الفقير، الخالي الوفاض، المحروم من كلّ شيء، وحتى من بركة الوالد.

شبلي داغر هذا، هو الذي صحّ فيه القول: "واثق الخطوة يمشي ملكاً". ميّزته صفاتٌ عزَّ وجودها بين الناس: إرادة صلبة، إيمان لا يتزعزع، عزم لا يلين، حكمة صائبة عركتها الأيّام والتجارب، صبر لا حدود له، جَلَد غريب على العمل والمشقّات، ويزيّن هذه الصفات جميعاً طيبة ما بعدها طيبة، هي التي جعلت شقيقه حبيب يترك الوالد ويلحق به إلى "ضهر المغارة" ليشاركه فرحة بناء المجد والعزّ.

لن أطيل الكلام حول شبلي وقد وفّاه المؤلّف حقّه. ولكن في مجال الحديث عن صفاته وصفات أخيه وأبنائهما، تحضرني حادثة لا تغيب عن ذاكرتي:

كنت يومها صغيراً يافعاً، ألعب على سطح البير وجدّي إبراهيم يراقبني ويراقب رجلاً كهلاً من "الدامور" ملقّباً "بالبرَكة"، كان يقشّش كراسي الخيزران عنده. وبعد الغداء، وعندما انتهى الرجل من تقشيش الكراسي، سأله جدّي عن الحساب والمبلغ المتوجّب، فانتفض الرجل بعزّة نفسٍ وقال بالحرف الواحد: "ولو يا بو ملحم، أنا آكِل من معجنك جمعتين بحرب الأربعتعش". وأبى أن يأخذ قرشاً، قائلاً: "الدنيا قرضه ووفا".

أوردت هذه الحادثة لسبب جوهريّ، وهو التركيز على أهمّ نقطة وأهمّ مأثرة في شبلي داغر وأخيه حبيب وأبنائهما. عنَيت كدّهم وكدحهم وجَورهم على الأرض، وكَونهم لم يتركوا حافّة شير أو "قرنة" صغيرة نائية إلاّ ونقبوها وزرعوها قمحاً وحبًّا. لذلك لم تتأثّر "ضهر المغارة" بالمجاعة، خلال الحرب العالميّة الأولى سنة ١٩١٤م، إلّا لماماً، خصوصاً وأنّ أبناء شبلي وحبيب استطاعوا آنذاك دحر الجراد إلى هاوية وإحراقه كما أخبرني جدّي. وبالتالي فقد فتحت "ضهر المغارة" صدرها للجائعين

من البلدات المجاورة وآوتهم وأطعمتهم. مثل هذه الإنجازات هي التي رفعت شبلي إلى مستوى كبار الرجال وسمحت بتأريخ سيرته وأجابت على سؤالنا.

أمّا كلمتي التالية فهي للمؤلّف:

أن تنبري يا أبا بسام لمثل هذا العمل النبيل، ليس بالغريب عليك، وأنت الذي اِئتُمِنتَ على الأبناء لعشرات السنوات كمديرٍ لمدرسة "ضهر المغارة"، حيث درجَ أحفاد شبلي وحبيب داغر. وحَريّ بك أن تكمل معروفك وتترك لهؤلاء الأحفاد وثيقةً تذكّرهم وتعرّفهم بأسلافهم، وتدعوهم للسير على خطاهم، والنسج على منوالهم، خصوصاً وأنّ أبواب البلاء قد ضربت "ضهر المغارة"، ووباء بيع الأرض أصاب أبناء الجيل الجديد، فراحوا يبيعون في أيّامهم البِيض ما اشتراه شبلي وأبناؤه في أيّامهم السود.

وأخيراً، أشكرك "يا أستاذ" مرّتين: مرّة على هذا الكتاب وعلى ما تكبّدت من مشاقّ لإنجازه في غياب الوثائق الكافية، وفي زمنٍ رحل فيه معاصرو شبلي داغر وأبناؤه، ومرّة أخرى على طلبك منّي كتابة هذه الكلمة، حيث جعلتني أشعر وكأنّني رصفت مدماكاً في هذا البناء الحجريّ الصلب. وفّقك الله في سعيك ومنحك القدرة على إتمام هذا العمل المبارك.

فأن تؤرّخ لأجدادك لهو كالصلاة ورفع البخّور على أرواحهم.

**مستيتا – جبيل**

**٢٣ كانون الأوّل ١٩٩٢**

# مقدِّمة

محاولتي البكر هذه بين يديك أيّها القارئ العزيز؛ ولَطالما حلمنا بها، نحن أبناء شبلي داغر، ذاك الرجل الذي اهتمّ بالعمل طيلة حياته، وعارك الطبيعة ووحوش الغاب ليبني بساعديه بلدتَه، ويروي بعرقه تربتها، فاستأهل أن نسمّيه شبل المغارة تيمّناً باسمه وقوّة بنيته.

أن أنفض الغبار عن سيرة هذا الرجل لم يكن بالأمر السهل، وقد وارى الثرى جميع أبنائه ومعظم أحفاده.

ولما كان هذا الحلم المجيد يراودني مذ بدأت أعي علاقة الإنسان بالأرض، كان تصميمي أن أتقصّى منذ مطلع شبابي أكثر موادّي الإخباريّة الواردة في هذا الكتاب من ابنه نعمه، وذلك قبل وفاته ببضع سنوات، والذي بقي محتفظاً بقدرةٍ عقليّةٍ فذّة، وقوّةٍ جسديّةٍ أين منها قوّة ذلك الشبل الأغرّ، رغم اقتحامه سنّ التسعين.

هذا بالإضافة إلى ما روى لي أبناؤه الآخرون الذين عاصرتهم، وبعض شيوخ البلدة، والحفظة الثقات، فجاءت المواد هذه ثقة أكيدة كونها صادرة عن رواة عاشوها وتذكّروها ورووها على سجيّتها. ولا بدّ من أن أذكر للقارئ الكريم أنّي ذات يوم من عام ١٩٦٨م، وإذ كنت على شرفة منزلي في "ضهر المغارة" رأيت نعمه داغر، وهو ابن شبلي صاحب قصّتنا وقد طعن في السن، يستفيء في ظلّ صخرةٍ تنتصب على قارعة الطريق وقربه حملان وديعان يرعيان العشب النديّ، سعيدين بالضوء والحريّة. فدعوته إلى فنجان قهوة نحتسيها معاً ونتدردش قليلاً حول سيرة آبائنا وأجدادنا الذين عاركوا الطبيعة ليبنوا لنا ضياعاً آهلةً زاهرة. وسرعان ما لبّى دعوتي تاركاً حمَلَيه ينعمان بحرّيتهما على هواهما دون رقيب أو حسيب.

وأثناء الحديث طلبت منه أن يقصّ عليّ سيرة والده الذي أحيا "ضهر المغارة" بعد أن كانت "أرضاً ميتة"، فاقتناها بعد جهد كبير وتعب مرير ليؤمّن له ولأولاده عيشاً كريماً.

أخذ محدّثي يروي الخبر تلو الخبر، ويستشهد ويطيل ويتعجّب، وأنا أدوّن ما أسمع على دفتر صغير ما زلت محتفظاً به رغم التهجير من البلدة، وهجرتي فيما بعد إلى كندا. وحرصي عليه تأكيدٌ على كتابة هذه السيرة لأولئك الأجداد الطيّبين مذ كنت يافعاً.

ولمّا أفضنا في الحديث وتجاذبنا جميع أطرافه، طلبت من محدّثي، وهو المتتبّعُ لآثار السلف والخلف، أن نتابع الكلام في اليوم التالي، ونجول في الأقاصيص والطرائف النادرة حول "بطل قصّتنا". ولكن، لسوء الحظ، لم تسنح لنا الفرصة ثانية لإتمامه، فللظروف أحكامها.

وكم كانت دهشتنا كبيرة إذ وجدنا الشمس قد توارت، والحملَين "الوديعَين" قد تسلّلا خلسةً تحت أجنحة الظلام الذي أخذ يلفّ القرية وما حولها رويداً رويداً.

أخذنا نفتّش عن الضالّين العزيزين، مستعينَين ببعض الغيورين ومزوّدين بالمصابيح، هاتفين بلغة رعاة المَعْز والضأن، علّنا نحظى بهما قبل الوحوش الضارية.

أخيراً وبعد بحث طويل، اهتدينا إليهما وقد بعدا كثيراً عن البلدة. ولم نجرؤ، نحن الإثنين، أن نخبر أحداً عن أمرنا لئلاّ نُلام على غفلتنا وإهمالنا. لذا فهذا التأريخ المحاولة هو كناية عن أحاديث وأخبار جُمعت ونُسّقت ثم دُوّنت، عرفاناً بالجميل لذاك الشبل الذي حمل العصا والمعول، ففتّت بمعوله الصخور فجادت، وحفر الجبال فاستكانت، ومهّد الشعاب فاخضرّت، وصارع بعصاه الوحوش فتروّضت واستسلمت.

وقرّت عيناه أخيراً بعد طول عراك، ونام مطمئنّ البال تاركاً أشباله يدافعون بعدَه عن العرين ويواصلون مسيرة الإصلاح والبناء..

وإني إذ أكتب قصّة شبلي داغر أكتب بها تاريخ "ضهر المغارة"، لأنّ شبلي داغر هو صانع ذاك التاريخ، وباعث الحياة في البلدة الميمونة، وهو العامل الرئيس المؤثّر في مجرى أحداثها منذ أواخر القرن التاسع عشر حتى أوائل القرن العشرين.

فقصّة شبلي داغر قصّة رجل عصاميّ أسطوريّ ببأسه وشجاعته وإنسانيّته وبُعد نظره. فقد عاش في النصف الثاني من القرن التاسع عشر وحتى أوائل القرن العشرين في منطقةٍ مضطربةٍ كثرتْ فيها الفتن والمحن، وفي حقبةٍ تاريخيّةٍ صعبةٍ حملتْ معها الأيّام الحالكة والموت الزؤام. لقد عاش شبلي عاملاً ليومه، مهتمّاً بغدِه، متنقّلاً في ساحل إقليم الخروب بين دساكر "بقعون"، و"الدلهميّة"، و"الرزّانية"، حتى استقرّ أخيراً مع شقيقه حبيب وأولادهما في "ضهر المغارة" حيث كانوا النواة الصالحة التي زُرِعت في التراب الصالح وأنبتت الكثير الكثير، وأعطت الثمار لذيذةً طيّبة، وفوّاحةً عطرة.

وهل هناك أجمل زرعاً وأطيب ثمراً من بلدةٍ وُلِدَتْ بعد معاناةٍ وإصرار؟

عاش شبلي مع أبويه فترة طفولته وشبابه عاكفاً على الزرع واستصلاح الأراضي ورعي الماشية، متنقّلاً من مزرعة إلى أخرى، ومن مرعى إلى آخر، حتى انتهى إلى حيث كان يتطلّع. فرأى أمامه سهولاً وهضاباً مهمَلة قد غطّاها الوعر، وتصلح لأن يتعاطى معها لتعطيه وأولاده المال الوفير تحقيقاً للكرامة والحريّة المنشودتين. فانتقل إلى "ضهر المغارة" وبدأت الورشة.

قطعان مباركة تسرح، وشباب دؤوب يعمل، فتتحوّل الجبال "جنائن معلّقة" في ظروفٍ حياتيّة قاسية. كيفما نظرتَ إليهم وجدت هِمماً لم تشب مهما جار عليها الزمن، وصبراً "أيوبيّاً" على مرارة الأيّام وجراح النفس الدامية، من جرّاء حكمٍ

يسعى لتوطيد سلطته الغاشمة بزرعِ الفتن، والقضاء على أحلام السعادة والكرامة.

تحت وطأة هذا الظلم الضاغط لم يكن للمزارع المسا لم بدّ من أن يتطلّع إلى الأرض فيلازمها ويصادقها، وهي خير الأصدقاء وأوفى الأوفياء.

لكنّ شبلي لم يقنع بما آلت إليه حاله في تلك الظروف الصعبة، بل كان يتطلّع إلى استملاك هذه الأراضي التي يتعاطى معها، ويعطيها من عرقه وحياته لتكون له ضمانةً لعيشٍ كريم في المستقبل.

عمِل على تحقيق أمانيه، لا بل حلمه الكبير هذا، فكان صادقاً مع نفسه، وكذلك أولاده، إذ لم تمضِ سنواتٌ قليلة إلاّ وقد اشترى وشقيقه حبيب كلّ أراضي هذه البلدة من مالكها الوحيد سليم بك عمّون من "دير القمر".

أمّا وقد اطمأنّت نفسه أخيراً إلى ما نال، نام قرير العين تاركاً إتمام الورشة للبنّائين الذين وضعوا معه حجر الأساس.

وهذا ما حدث فعلاً. فقد واصل أبناؤه وأبناء أخيه استصلاح أراضيهم، حتى غدت "ضهر المغارة" في النصف الثاني من القرن العشرين، وقد نفضت عنها غبار التخلّف والحياة البدائيّة، وواكبت مسيرة التطوّر والحضارة، كأنّها عروس الإقليم بتناسق بيوتها، وهندسة طرقاتها، ونموّ كرومها، وازدهار علومها، وبزوغ الحركة الاجتماعيّة فيها. فَعَلا فيها البنيان، وانتشرت في أرجائها أرائج العمران. وما الفضل إلاّ لعناد مؤسّسها الذي نسج دون كللٍ كدودة القزّ، مراهناً على ساعدَيه، مُصرًّا على حياة أفضل بعيدة عن الذلّ والهوان.

وإن كان لي من كلمة حقّ أقولها في هذا البطل وفاءً له، فقد حقّ أن يُسمّى "صقر الإقليم" لأنّه عمل منذ طفولته على تحقيق حلم لم يكن لأيّ شخصٍ في عصره أن يحلم به، فكيف لمزارع أو لراعٍ بسيط، لا يملكً من عتاد الدنيا سوى عزيمة وتصميم، أن يحلم باقتناء ضيعةً كبيرة كَضهر المغارة؟ وكأنّي به هنا نابغة الأعصُر، إذ حقّق

بعفويّة لم تصقلها الثقافة مبدأ ابن خلدون الفلسفيّ في علم الاجتماع وهو: "انتقال الإنسان من البداوة إلى الحضارة"، متحديًّا بذلك المثقّفين على اختلاف مشاربهم.

أخيراً عذري من القارئ الكريم، إن أتيت بكتابي هذا على ذكر بعض المفردات والتعابير العاميّة، وهي لا تخفى عليه، ذاك لأنّها خير معبّرٍ عن ذاتها، كذلك إن منعت جميع أسماء العلم من الصرف وأدرجتها كما هي وكما يتداولها الناس، راجياً أن يفوز هذا الكتاب برضاه، وأكون قد وُفّقت إلى بعض ما أصبو إليه والله من وراء القصد.

ف. د.

# متَى كانَ ذَلك؟

كلّنا يعلم أنّ القرن التاسع عشر قد تمخّض عن فتن وحروب أهليّة انطلقت شرارتها من جبل لبنان، وتوسّعت لتُحدث تغييراً في النظرة السياسيّة العامّة لمستقبل تلك المنطقة.

فالحكم التركيّ لم يكن همّه سوى توطيد سيادته على لبنان بشتّى الوسائل. فيقوّي طائفة على أخرى ويُوقع بين الدروز والنصارى. وبتشجيع دولٍ أجنبيّةٍ أخرى يجتهد في إبعاد رجال الفكر والحريّة بكلّ ما أوتيَ من قوّة. ممّا دعا الدول الأجنبية الكبرى إلى اقتراح حلولٍ لم تكن هي الحلّ بقدر ما كانت المشكلة. فتأجّجت نيران الفتن الطائفيّة من جديد في ظلّ حكم الإمارات والإقطاع، وظلّت نيرانها مستعرة، ودائماً بتشجيع خارجيّ كالعادة إلى أن أصبح مصير المسيحيّين في لبنان، والموارنة خصوصاً، على "كفّ عفريت".

تداعت حينئذ الدول العظمى إلى إعادة تنظيم البلاد على أساس نظام جديد عُرف بنظام المتصرفيّة. فتوقّفت المذابح رغم فساد الحكم والنظام، واستعادت البلاد بعض الاستقرار، ونعمت بعض الوقت بأمنٍ هشٍّ وسلطةٍ متردّدة، فازدهرت على سفوح لبنان الصخريّة قرىً عديدة تحيط بها الكروم والبساتين والمزارع والمُدرجات كأنّها جنائن معلّقة، كما جاء في كتاب "تاريخ لبنان" للدكتور فيليب حتّي في وصفه لتلك الحقبة الزمنيّة الهامّة من تاريخ بلادنا.

خلال هذه الفترة، فترة توطيد الأمن نسبيًّا في الساحل والجبل، عاش صاحب هذه القصّة، شبلي داغر، في قرى ذاك الجبل يصارع الطبيعة ويروّضها، كما يصارع الإقطاع، متّخذاً من القهر قوّةً ومن الظلم عناداً. وقد لاقى في حياته الطويلة، التي امتدت إلى عتبة الحرب العالمية الأولى، الكثير الكثير من المتاعب والمشقّات، حيث

كانت شعوب المنطقة تعاني من سياسة التمييز الطائفيّ والتفرقة، أكثر مما كانت تعانيه من أهوال الجوع وضيق ذات اليد.

لكنّ شبلي كان يجتاز المحن هذه بما ادّخره للأيّام السود، وبما كانت تمنّ عليه أرضه التي لم تخنه يوماً في مثل تلك الأويقات الصعبة. فقد اعتاد على خشونة العيش بما وهبه الله من روح الهمّة والعزيمة التي لا تلين.

وإن كانت ظروف حياته الخاصة لم تسمح له باكتساب العلوم والمعارف في المدارس، إذ كان ذلك مقتصراً على المحظوظين والميسورين وأصحاب النفوذ، فقد اكتسب من مدرسة حياته المعرفة والحكمة والشجاعة، واجتمع فيه كما قيل: "ذكاء إياس وإقدام عمرو". وزادته الطبيعة صلابة والأيّام عزماً إلى أن زرع الأرض بيوتاً عامرة.

# وأينَ كانَ ذَلك؟

معظم أحداث هذه السيرة جرت في منطقة تُعرف اليوم باسم الساحل الشماليّ لإقليم الخروب، وعلى بقاع تنبسط بهدوء بين وادي نهر "الدامور" شمالاً ووادي "نهر بعاصير" جنوباً، وهيَ كناية عن تلال متواضعة وهضاب منفرجة الأرجاء تُشرف جميعها على البحر المتوسط.

وأهمّ أماكنها الجغرافيّة المعروفة آنذاك هي "الدبيّة" و"الدلهميّة" ثمّ "ضهر المغارة". فـ"الدبيّة" هي بلدة "البساتنة" العظماء الذين صانوا اللغة العربيّة وحفظوها من الاندثار والبلى، ووضعوا لها المعاجم و"المحيطات"، وترجموا "الإلياذة"، وأوجدوا "دوائر المعارف"، وكانت لهم اليد الطولى في "مجلس المبعوثان" التركي. كما لعب بعض رجالات الدين منهم دوراً إنسانيّاً وسياسيّاً بارزاً في إخماد النيران المتأجّجة في النفوس، وتقريب وجهات النظر بين أبناء الوطن الواحد.

وعلى هضبة كبيرةٍ من هضاب تلك البلدة العريقة في التاريخ قامت مزرعة فسيحة تدعى "بقعون"، يملكها أحد الإقطاعيّين من "آل الدوماني".

في هذه المزرعة قام منزل كبير عُرف بقصر "الدوماني". وهو كناية عن بيتٍ حجريّ كبير من طبقتين، أمامه فسحة واسعة تحيط بها أشجار الكينا والشربين. وإلى جانب المنزل القصر قامت بيوت متفرّقة للشركاء المزارعين، وأقبية للمَعْز، وإسطبلات للخيل.

وفي "بقعون" سهول خصبة كانت تُزرع قمحاً وشعيراً، وبعضها عدساً أو كرسنّة أو فصّة كعلف للحيوانات. وكان شركاء "الدوماني" يقومون بكلّ أعمال الحراثة والزراعة وجني الغلال لقاء مبلغ زهيد لا تتعدّى نسبته العشرين بالمئة أحياناً. فيأخذ المالك بذلك النسبة الكبرى من المواسم دون أن يقوم بأيّ عمل، أو أن يقدّم للمزارع

أيّ عون. فيبقى المزارع طيلة حياته يجهد وراء الرغيف ليُقيت عيلته؛ وإذ كانت حصّته من الحصاد لا تكفيه غالباً لسدّ الحاجات الضروريّة، نراه يعمد أحياناً إلى اقتناء بعض المَعْز أو البقر ليستعين بحليبها ولحومها وجلودها على التصدّي لوحش الجوع وأزمة الفقر. وقد تضيق ببعضِهم الأحوال، فيتطلّعون إلى قرية، أو مزرعة أخرى تزيد من إنتاجهم.

وهكذا لم يهنأ للمزارع عيش في مكان واحد في ظلّ كبار مالكي العقارات الإقطاعيين آنذاك، بل كان يتنقّل من هناك إلى هناك حتى يجد الموضع الصالح فيستقرّ.

أمّا "الدلهميّة" فقد كانت تحوي بعض البيوت الترابيّة، والأقبية المتواضعة التي أُقيمت على قمّة تلّةٍ شاهقة العلوّ، سريعة الانحدار نحو الشمال والشرق، بحيث تطلّ على نهر "الدامور"، حتى ليُخيّل للناظر إليها من هناك وكأنّها عُلّقت بين الأرض والسماء. ثمّ تنحدر تلك التلّة ببطء من أمام هذه الأقبية غرباً لتشكّل بعض السهول والشعاب الصالحة للزراعة أو لرعي المَعْز، حيث تكثر أشجار السنديان والملّول، وتتشابك أجمات القندول والقصعين.

وكان سعيد بك جنبلاط يملك القسم الأكبر من "الدلهميّة" ويقوم لديه عدد كبير من المزارعين والرعاة. أمّا اليوم فـ "الدلهميّة" هي ملك لمؤسّسة "كتّانة" حيث حُوّلت أرضها إلى ملاعب للتنس والغولف، وإلى فنادق ومنتزهات يؤمّها الهواة والمستجمّون.

وإلى الجنوب من "الدلهميّة" وُلدتْ بلدة "ضهر المغارة" ولا يتجاوز عمرها الخمس عشرة سنة بعد المئة تقريباً. فقد قامت هذه البلدة شرقي بلدة "الجيّة" الساحليّة، وامتدّت شرقاً حتى "بقعون" و"عقليه". وكانت قديماً تتألّف من عدّة بيوت للمزارعين شُيّدت على ظهر مغارةٍ كبيرةٍ تقع على ضفّة "نهر بعاصير"، وعُرفت بـ"مغارة الجيّة"

وإليها نُسبت "ضهر المغارة". والناظر إلى هذه المغارة من الضفّة المقابلة يرى الأرض قد قُدّت أو شُقّت شقًّا عند مدخلها، فبانت مقدّمتها كصخرة ملساء تعلو سريعاً بشكل عاموديّ فوق فوهتها إلى أكثر من مئة وخمسين متراً تقريباً، حتى أنّ بعض الصيادين كانوا يراهنون على إطلاق النار على بعضهم البعض من بنادق الصيد من أسفل المغارة إلى أعلاها فلا يصاب أحد منهم بأذى.

ويُروى، وعلى ذمّة الراوي، أنّ بعض علماء الآثار قد أطلق في فوهة المغارة هذه ديكاً وأتبعه بثعلب فخرج الحيوانان من فوهة كهف صغير في ساحل محلّةٍ تُعرف بـ"رأس السعديات"، قرب الطريق الساحليّة، وتبعد هذه المحلّة زهاء ثلاثة كيلومترات عن مدخل المغارة. ذلك بإفادة أحد الرعيان الذي كان يرعى قطيعه هناك، وعلى ذمّة الراوي ليس إلاّ.

وعلى سطح المغارة المذكورة ما نزال نشهد آثار أراض استُصلحت، وبقايا بيوت قديمة هُدِمت، وكان يسكنها طبعاً المزارعون والرعيان آنذاك، وعُرفت تلك المنطقة باسم "ضهر المغارة"، نسبة إلى تلك المغارة الرهيبة كما ذكرت. ولا تزال هناك بعض المواقع التي عُرفت باسم فلاّحيها: "كفطم سلمان"، أو "فطم داود"، أو "فطم مسعود"، وما إلى هنالك...

وقد كانت "ضهر المغارة" ملكاً لبعض الإقطاعيّين الدروز، ثمّ آلت إلى سليم بك عمّون من "دير القمر"، حيث كان قائمقام جزين والبترون وغيرها، ويسكن حدث بيروت.

ولمّا آلت ملكيّة "ضهر المغارة" إلى عمّون بنى هذا وعلى بعد كيلومترين شرقاً من المغارة، خمسة أقبية متلاصقة من حجر، أمامها حظائر للمَعْز، وعلى سطحها أُقيم بناء كبير يعلوه القرميد الأحمر، عُرف بـ"العليّة"، كما أقيم قربها بيتان آخران للشركاء والمزارعين.

وكانت أحراج القندول والسنديان والخرنوب والزعرور تغطّي هذه البقعة التي لا تبعد عن شاطئ البحر أكثر من ثلاثة كيلومترات، ولا تعلو عن سطحه أكثر من ثلاثمائة متر.

وكان كلّ راعٍ يتمنّى لو يرعى قطيعه في "ضهر المغارة" لكثرة أحراجها، ووعورة أراضيها آنذاك. كما كان يتمنّى لو يسكن يوماً في "علّيتها" المطلّة على "رأس بيروت" و"رأس الجيّة" في آن، وعلى الخضمّ الأزرق المنبسط بينهما، إضافة إلى ما تتميّز به من اعتدال في المناخ، قلّ ما تتميّز به غير قرية لبنانيّة. إذ إنّ شتاءها وصيفها ضدّان يتباريان في الظهور إلى الملأ، كلّ في مجال تميّزه بالدخول إلى قلوب الناس رقّة وعذوبة. فلا "كانون يسلّم بالعواصف والصواعق، ويصافح بالبروق والرعود"، ولا "تموز وآب يغليان النار ويلهبان الأجواء جمراً وسعيراً". أما وقد مرّ على بنائها زهاء قرن من الزمن، فقد أصبحت "ضهر المغارة" اليوم عروس الإقليم. إذ نمتْ وازدهرت وأصبحت تضمّ ما يقارب المئة والخمسين بيتاً بُنيت على الطراز الحديث، وانتشرت على جوانب الطرقات العامّة والداخليّة بطريقة منتظمة منسّقة تظلّلها الأشجار وخيم الكرمة، فتبدو من بعيد كبقعة متعدّدة الألوان وسط كروم العنب واللوز والزيتون.

وما أبهاها ليلاً حيث تتلألأ الأضواء في طرقاتها وتنير ملاعب ناديها وفسحات كنيستها، ممّا يجذبك إلى التعرّف عن كثب إلى تلك البلدة الهادئة التي كادت تستحمّ بالشاطئ وتستدفئ بكنف الهضاب المتواضعة.

فما أحلاها نزهة بين كرومها، والطيور تنشد سمفونيّاتها، ومواطنوها يسترسلون في الغناء وهم يقطفون الثريّات البرّاقة من على عرائشها الجوّادة. أو يتوغّلون في عبّ شجرة يحاولون جني الثمار الشهيّة لينسَوا بها ما بذلوا في سبيلها من العرق المتصبّب من على جباههم.

أمّا وقد شمل التهجير جميع القرى المسيحيّة في المنطقة، في عامَي ١٩٨٣ و١٩٨٥م، وطغت روح الشرّ على البلاد وسادت، كان لا بدّ لساكنيها من النزوح إلى منطقة أخرى أكثر هدوءاً طالبين النجاة لنفوسهم وعيالهم. فترك أهالي "ضهر المغارة" بلدتهم مرغَمين عامَ ١٩٨٥م، وانتشروا في كلّ بقاع لبنان. وهاجر بعضٌ منهم إلى كندا وأُستراليا. و لم يبقَ من "ضهر المغارة" سوى ذكريات مجد في البال، وبكاء أطلال ماثلة للعيون، وأمل بعودة كريمة إلى حيث أسّس الأجداد هذه الضياع باذلين كلّ غالٍ في سبيلها، دون أن يحسبوا لقوى الزمن الغادر حساباً.

لم يبقَ لنا اليوم منها سوى ذكريات وتمنّيات نُعرب عنها مع الشاعر القائل:

لله أيَّامٌ تقضّتْ لنا     ما كانَ أحلاها وأهناها
مرَّتْ فَلَم يبقَ لنا بعدَها     شيءٌ سوى أنْ نَتَمنّاها

ونردّدها حسراتٍ وزفرات تُدمي العيون والقلوب.

# هويّة شِبلي داغِر

شِبلي داغِر هو ابن إبراهيم داغر. وقد تكنّى أحياناً باسم جدّه حنّا، فوقّع باسم شبلي داغر، أو باسم شبلي داغر حنّا؛ ووقّع بعض أولاده باسم شبلي إبراهيم.

وما كان توقيعه باسم شبلي داغر حنّا إلاّ تيمّناً باسم جدّه، وكثيراً ما كان الأقدمون ينتسبون فقط إلى الأجداد؛ أو ربّما لخلاف وقع بينه وبين أبيه لأسباب سنأتي على ذكرها لاحقاً. وبعد أن عادت المياه إلى مجاريها بين الأب وابنه، أصبح اسم شبلي إبراهيم داغر يظهر في تواقيعه. وقد حصلتُ على مستند تاريخيّ وقّعه ولده جرجس باسم "جرجس شبلي إبراهيم من مزرعة ضهر المغارة"، وقد قبلَ هذا شراء قطعة أرض في محلّة "العتَيقة" في "الدامور" من نسيبه المدعو داغر حنّا داغر. والعقد مؤرّخ في ٢٨ تموز ١٣٢٨ و٢٦ شعبان ٣٢٠، وصورة هذا المستند بصفحتيه مرفقة بالكتاب كوثيقة ثبوتيّة تثبت أنّ شبلي هو ابن إبراهيم داغر وإلاّ لما كان قد ظهر اسم إبراهيم في توقيع ولده جرجس.

كما أنه جاء في وثيقة أخرى وقّعها جرجس المذكور باسم جرجس شبلي داغر وهي مؤرّخة في ٧ رجب ٣٢١ و١٥ أيلول ٣١٩. وفي الكتاب أيضاً صورة طبق الأصل عن هذه الوثيقة مع قراءتها.

وممّا لا يقبل الشكّ، فقد روى لي إبراهيم بن شبلي شخصيًّا أنّ جدّه لوالده كان يدعى إبراهيم وليس داغر أو حنّا، وذلك خلافاً لِما ورد في بعض المصادر التاريخيّة والوثائق الموقّعة. كيف لا والحفيد يعرف اسم جدّه، وإلاّ لما كان قد حدث في "بقعون" الالتباس التالي:

كان إبراهيم والد شبلي قد جاء على الأرجح مع ابن عمّ له ويدعى أيضاً إبراهيم وهو ابن يوسف داغر، وكلاهما نزحا إلى "بقعون" من "دير القمر" حيث كان

جدّهم، أو من "الوردانيّة" في إقليم الخرّوب حسب مصادر الأرشمندريت يوحنّا داغر. وفي مزرعة "بقعون" عملا معاً في الأرض ورعي الماشية عند "الدوماني"، مالك تلك المزرعة، وقد سكنا معاً بيتاً واحداً من طبقتين، وكان إبراهيم - والد شبلي - يسكن الطبقة السفلى منه.

أمّا "الدوماني" فكان كلّما أراد أحدهما انبرى كلّ من "الإبراهيمَين" لتلبية النداء دون أن يعرفا مَن المقصود به منهما.

ولمّا تكرّر الإشكال هذا عدّة مرّات قال "الدوماني" يوماً لساكن الطبقة العليا: "أنت من الآن وصاعداً إبراهيم العليّة لأنّك تسكن العلّية، فإن ناديتُ بالعليّة فأنت هو المقصود وإن ناديت داغر فابن عمّك أبو شبلي هو المقصود". وتوارث بعض الأبناء والأحفاد فيما بعد هذا اللقب العائليّ حيث عُرفت عائلة "العليّة" منذ ذلك الوقت فقط في مزرعة "بقعون" ثمّ في "عقليه- الدبيّة" لاحقاً.

# عائلة إبراهيم داغر

متى جاء إبراهيم والد شبلي إلى "بقعون"، فأمرٌ نجهله. لكنّ أجداده قد نزحوا من "تنّورين" إلى "الشوف" في أوائل القرن السابع عشر تقريباً. أمّا بالنسبة إلى زوجته فتقاطع المعلومات التي حصلت عليها من عدّة مصادر تفيد أنّ اسمها سعيدة. وتيمّناً بها فقد أسمى شبلي إحدى بناته باسمها فيما بعد والتي تزوّجت من نسيبها طانيوس داغر ورُزقت ولدين هما شكيب وجميل.

أما إبراهيم فقد رُزق شبلي وحبيب وثلاث بنات. والمعلومات بشأن البنات غير أكيدة مع غياب المستندات والوثائق الكافية. لكنّي وقد توصّلت إلى بعضٍ منها أوردها كما سيقت إليّ:

إحداهنّ كانت تدعى حنّة، وقد تزوّجت من فارس ضاهر داغر، وكان يُعرف بفارس ضاهر قزما، كما ورد في بعض المستندات المرفقة بهذا الكتاب. وقزما هو ابن يوسف بن إبراهيم داغر، وفرع من "آل العليّة"، وبالتالي من أسرة داغر طبعاً حسبما جاء في "تاريخ أسرة داغر" للأرشمندريت يوحنّا داغر. ورُزق فارس ثلاثة أولاد هم سعيد وملحم وجرجس. أمّا الابنة الثانية لإبراهيم فقد تزوّجت إلى بلدة "بمهرَيه" قرب "نبع الصفا"، وزوجها رجل معروف وشهير من "آل أبي ملهب". وكان إبراهيم بن شبلي يُخبر الكثير عن أقربائه من "آل أبي ملهب"، وعن زيارات متبادلة كان يشهدها تتمّ بين "ضهر المغارة" و"بمهرَيه" في مطلع شبابه. أما الابنة الثالثة فربما كانت تدعى "هند"، إذ طالما تردّد هذا الاسم مراراً على لسان إبراهيم بن شبلي، وقد تزوّجت إلى "دير القمر" حيث كانت الزيارات إلى الدير متوالية. وما زواج كنعان بن شبلي من لطيفة الكك من "دير القمر" إلاّ نتيجة لتلك القرابة.

أمّا من حيث ولادة شبلي فيرجّح أنّها تمّت في "بقعون" ما بين سنتي ١٨٤٠ و١٨٤٥م على الأكثر، حسبما ورد على لسان ابنه نعمه. وشبلي يكبر شقيقه حبيب بنحو سنتين.

# عائلة شِبلي داغر

تزوّج شبلي داغر من حنّة من "دير القمر". وحسب هويّة ولدها إبراهيم فهي ابنة خليل أبي أسعد. وربما كانت كنية "أبي أسعد" تسمية لعائلة متفرّعة من إحدى عائلات "دير القمر" وقد تكون من "آل الككّ"، لأنّ حنّة هي التي سعت فيما بعد بتزويج ابنها كنعان من إحدى نسيباتها وتدعى لطيفة الككّ من "دير القمر".

وقد كانت حنّة قصيرة القامة وتميّزت بقلب عطوف وحنان لا يوصف نحو أبنائها، حتّى أنّ ابنها الأصغر إبراهيم كان ينتظرها، وهو في الثالثة أو الرابعة من عمره، أمام الأقبية وهي عائدة من عملها المضني في الحقل، فتحضنه بعطف فائق وتُرضعه رغم تعبها وعرَقها دون أدنى تذمّر أو شكوى. هذا ما رواه إبراهيم إلى حفيده صبحي جورج داغر.

وبعد زواجه رحل شبلي إلى "الدلهميّة" حيث رُزق هناك من أولاده:

كنعان؛ بشاره؛ ملحم؛ جرجس؛ أسعد؛ مسعود؛ نعمه؛ زمرّد؛ وعفيفة. أما زمرّد فقد توفّاها الله وهي في ريعان صباها. لكنّ عفيفة تزوّجت من ملحم فارس داغر وماتت قبل أن تُرزق ولداً. وحوالي عام ١٨٨٢م، نزح شبلي مع عائلته من "الدلهميّة" إلى "ضهر المغارة" ورُزق فيها من أولاده: سعيدة؛ فريدة؛ وإبراهيم. تزوّجت سعيدة من نسيبها طانيوس إبراهيم داغر من "الدامور" كما أوردت سابقاً؛ وفريدة من رشيد ملحم البستاني من حارة "بعاصير". ولسوء طالع هاتين الشقيقتين فقد توفّيت كلتاهما في السنة ذاتها على أثر الولادة. أمّا إبراهيم فهويّته تدلّ على أنّه من مواليد "ضهر المغارة" سنة ١٨٨٦م، وهذا ما يؤكّد نزوح شبلي إلى "ضهر المغارة" قبل ذلك التاريخ طبعاً.

وقد روى لي نعمه أنّه قد وُلِد في "الدلهميّة"، وعندما رحل مع والده وإخوته إلى "ضهر المغارة" كان بين الثالثة والرابعة من عمره، وقد حمله آنذاك صديق لوالده ويُدعى جدّوع، كما كان يخبره والده.

# في بقعون

عاش شبلي وشقيقه حبيب فترة شبابهما يعملان مع والدهما لدى "الدوماني"، في مزرعة "بقعون" بكلّ أمانة وإخلاص. فكانوا يتعاطون الزراعة ورعي قطعان المَعْز والغنم، ويعيشون حياة خشنة في ظلّ تحكّم كبار المالكين ورجال الإقطاع. إذ لم يكن الحصول على القوت الكافي لعيالهم بالأمر السهل.

وبعد أن تزوّج شبلي من حنّة، عاش مع والده في بيت واحد كما جرت العادة آنذاك. لكنّ الحماة والكنّة لم يدم نعيمهما يوماً. فالحماة تحقد على الكنّة التي، حسب نظرها، قد سلبتها ولدها واستأثرت وحدَها بودّه. والكنّة ترى في حماتها القاضي المعزول الذي "يحاول ملكاً أو يموت فيُعذرا". فتحاول أن تستعيد سلطةً أفقدتها إيّاها كنّتها، فيحدث الخلاف إذ ذاك ويقع الزوج في خيار صعب بين أمٍّ حضنته صغيراً ورعته كبيراً ومنحته كلّ الحنان، وبين زوجة قد اختارها لتشاركه الحياة ويبني معها عائلة تقرّ بها عيونهما.

من البديهيّ أن يحدث الخلاف بين الكنّة والحماة، أمّا ما حدث بين شبلي وأبيه فقد كان أدهى وأخطر. فقد نشب الخلاف بينهما مذ قرّر شبلي الزواج من حنّة. فقد رفض الوالد هذا الزواج لأنّ حنّة كانت قصيرة القامة ضعيفة البنية، والوالد يطمح إلى تزويج ابنه من فتاة عملاقة، فارعة الطول، ممتلئة الجسم، على أمل إنجاب أولاد مرَدة كأبيهم. ولا يخفى ما كان لهذا الأمر من أهميّة في زمن يحتاج فيه المرء إلى قامة كافية وبنية قويّة للعمل الشاقّ، والتصدّي لصعوبات الحياة وبوارحها.

وإذ تفاقم الأمر يوماً بين حنّة وحماتها واشتدّ بينهما الخلاف، هجمت إحداهنّ على الأخرى لتقتصّ منها. فتدخّل شبلي ممسكاً بزوجته ليُبعدها عن أمّه. فما كان من والده إلاّ وأمسكه في يده مخفّفاً من حنقه وحدّة غضبه. وفي أثناء هذه المشادّة العنيفة، وعلى غفلة منه، تعثّر أبو شبلي ووقع أرضاً. فاعتبر ذلك إهانة كبيرة له صادرة عن ابنه وعلى مرأى من زوجته وكنّته، وهو الرجل الوقور المحترم. فما كان منه، وقد بلغ منه الغضب ذروته، إلاّ أن طرد ابنه شبلي من البيت رغم توسّل هذا بأنّ ما حدث لم يكن هو المقصود.

لكنّ أبا شبلي ذهب بعيداً في غيظه وحدّة غضبه، فشكا ولدَه إلى مدير الناحية في "بعاصير" وكان هذا من "آل القعقور".

وكلّنا يعرف ما كان للمدير في ذلك الوقت من سلطة محليّة، حيث أرسل رجال الضابطيّة في طلب شبلي. ولمّا لم يأتِ هذا معهم مخفوراً سُمِح له بالذهاب منفرداً إلى المدير لِما كان قد سُمع عنه من إباء وأنفة وعزّة نفس.

فوضعه المدير في السجن الذي كان كناية عن غرفة صغيرة مظلمة لها ما يشبه النافذة، تطلّ من ناحية الجنوب على بناء كبير كان المدير قد باشر ببنائه ولمّا ينتهِ. أخذ شبلي من وراء القضبان الحديديّة يرقب العمل في البناء المذكور ليسلّي وحدته، وينسى ما هو به من أزمة نفسيّة وخيبة مريرة.

إلى أن حاول العمّال يوماً أن يضعوا عتباتٍ حجريّة على الأعمدة العالية، وكانت العتبات من حجر صلب، وعلى شيء كبير من الطول والثقل. فباءت جهودهم بالفشل مراراً. وراحوا في كلّ مرّة يحاولون من جديد، لكن دون جدوى. إلى أن

تداعى أربعة منهم إلى حمل إحداها والصعود بها إلى سلّم ركيك من خشب.

وإذ كان السلّم لا يتّسع لمثل هذا العدد من الرجال ولا يقوى على تحمّل مثل هذا الوزن، وضعوا العتبة أرضاً وراحوا يبحثون عن حيلة أخرى تتيح لهم إتمام العمل. هذا وشبلي يراقب حركاتهم بهدوء، هازئاً بهؤلاء الذين لم يفلحوا بوضع عتبة واحدة في المكان المخصّص لها.

ولّما أحسّ به أحدهم وسأله عمّا يمكن فعله في مثل هذه الحال، عرض عليه شبلي أن يضع بمفرده العتبات كلّها في مكانها شرط إطلاق سراحه.

ولّما حمل هؤلاء العمّال الأمر إلى المدير، سارع هذا الأخير إلى إطلاق سراح الحبيس المغرور ليتأكّد من صحّة ادعاءاته، وليقتصّ منه أكثر إذا فشل فيما زعمه.

فتح أحدهم باب السجن وخرج شبلي نحو العتبات المعجزة. فتعاون أربعة من العمّال الأشدّاء على رفع إحداها إلى مستوى خاصرة شبلي فتناولها هذا بين ذراعيه المفتولتين وأصابعه الخشنة، ولم يرضَ أن يدير ظهره لتُلقى عليه، بل حملها وحدَه وتسلّق بها السلّم الخشبيّ بخطى ثابتة إلى أن وضعها في مكانها. حتى إذا تمّ له ذلك تناول العتبة الأخرى. وهكذا إلى أن أتى عليها جميعاً، ونزل من على السلّم فخوراً شاكراً ربّه على نِعَمه.

دعاه المدير حالاً وقبّله بين عينيه على مرأى من الجميع، وأعطاه ربطتين من الدخان زنة كلّ منهما رطل، وقال له: "أنت حرّ، إذهب في سبيلك، وكلّ من يعتدي عليك اضربه وتعال مسّح بهذه الفروة".

وهكذا أُعتِق شبلي من الأسر. فحمل عصاه التي لم تفارقه يوماً حتى في سجنه، وانطلق من "بعاصير" قاصداً بيت أبيه في "بقعون"، مرسلاً مواويل العتابا والميجانا عالياً. فسمعه والده مذ أن باشر بالغناء، إذ أنّ صوته كان جهوريًّا صارخاً، فقال لزوجته، وقد استعاد حنان الأبوّة: "إنّه شبلي. لقد عاد، فهيّا لاستقباله". وعاد شبلي إلى "بقعون" حيث كان لا يزال يسكن مع أبويه؛ وطلب من زوجته حنّة أن تحزم أمرها وتستعدّ للرحيل معه. فحملت أمتعتها وأعطته أمّه إذ ذاك لحافاً واحداً كان بمثابة كلّ حصّته من بيت أبيه. ورحل شبلي وزوجته إلى "الدلهميّة"، لا يملك من عتاد هذه الدنيا إلاّ بأساً في الساعدين، وحلماً في البال، ولحافاً على الكتف..

# وثائق

نذكر فيما يلي نصّ الوثائق المرفقة بهذا الكتاب، إضافة إلى صور طبق الأصل عنها، وذلك تعميماً للفائدة لَمن تفوته قراءتها، وتأكيداً لِما ورد فيها من معلومات. وعذراً من القارئ الكريم على بعض التفسيرات فيها لعدم الوضوح أحياناً أو لسبب تمزّق المستند:

# (نصّ الوثيقة رقم ١)[1]
# (صفحة ١)

حضر مجلس عقده داغر حنّا داغر من قصبة معلّقة الدامور وباع من جرجس شبلي إبراهيم من مزرعة ضهر المغارة والمبيع هو ثمانية قراريط شائعة من أصل أربعة وعشرين قيراطاً شركة البائع بعشرة قراريط وشركة زوجته فتنة بأربعة قراريط وشركة ابنتهما كاترين بقيراطين لتمام الأصل المحرّر في كامل القطعة الأرض الواقعة بخراج القصبة بمحلّة العتيقة توت ومختلف ممسوحة بنومرو ١٠ و١١ و١٢ درهم ٤ يحدّها قبلة طريق وشرقاً قناة ماء المموسة وشمالاً تركة سمعان هيكل وتمامه القطعة الآتية والفاصل مجرى ماء مشترك بين المشتري وشركاه وتركة سمعان هيكل وغرباً التركة المذكورة والثانية توت وعمار بيت قائم البناء والسقف من أصل النومرو والمساحة محدودة قبلة القطعة الأولى والفاصل مجرى الماء المحكى عنه ومن الجهات الثلاث الباقية تركة سمعان هيكل بجميع حقوق هذا المبيع واستحقاقه وطرقه وطرايقه مع حق شربه من مياه قناة المموسة حسب عادته القديمة بيعاً باتاً نافذاً بإيجاب وقبول وتسليم وتسلّم غب التخلية الشرعية بثمن قدره ستة عشر ألف ومايتان وستة وستون قرشاً أقرّ البايع بقبضه تماماً والمشتري قبل الشراء وكفل البائع بالدين السابق.

**تحريراً/ ٢٨ تموز ١٣٢٨**

| | | | |
|---|---|---|---|
| شهود الحال | | قبلت الشراء وكفلت | مقرّ بما فيه |
| شاكر نعمان | أشهد وأعرف | مقر بما فيه | داغر حنا داغر |
| | شبلي حبيب | جرجس شبلي إبراهيم | بإذنه |
| | البستاني | بإذنه | |

١ تثبت هذه الوثيقة هوية والد شبلي.

(نصّ الوثيقة رقم ١)
(صفحة ٢)

جرجس شبلي إبراهيم

ضهر المغارة


بيع

/ ٢٦ شعبان ٣٢٠ و٢٨ تموز ٣٢٨ تصادقا

الفريقان بعد التعريف وإمضاء كلّ منهما بإذنه

عضو        عضو        عضو

سجل ١١٠ نومرو ١١٧٢

/ ٢٦ شعبان ٣٢٠ و٢٨ تموز ٣٢٨ حضر محكمة بداية الشوف هذه وتصادقا فيها على مضمون هذا الصك وإمضاء كلّ منهما بإذنه لذا سجل وفقاً للنظام

كاتب        عضو        عضو        رئيس

خاتم        خاتم        خاتم        خاتم

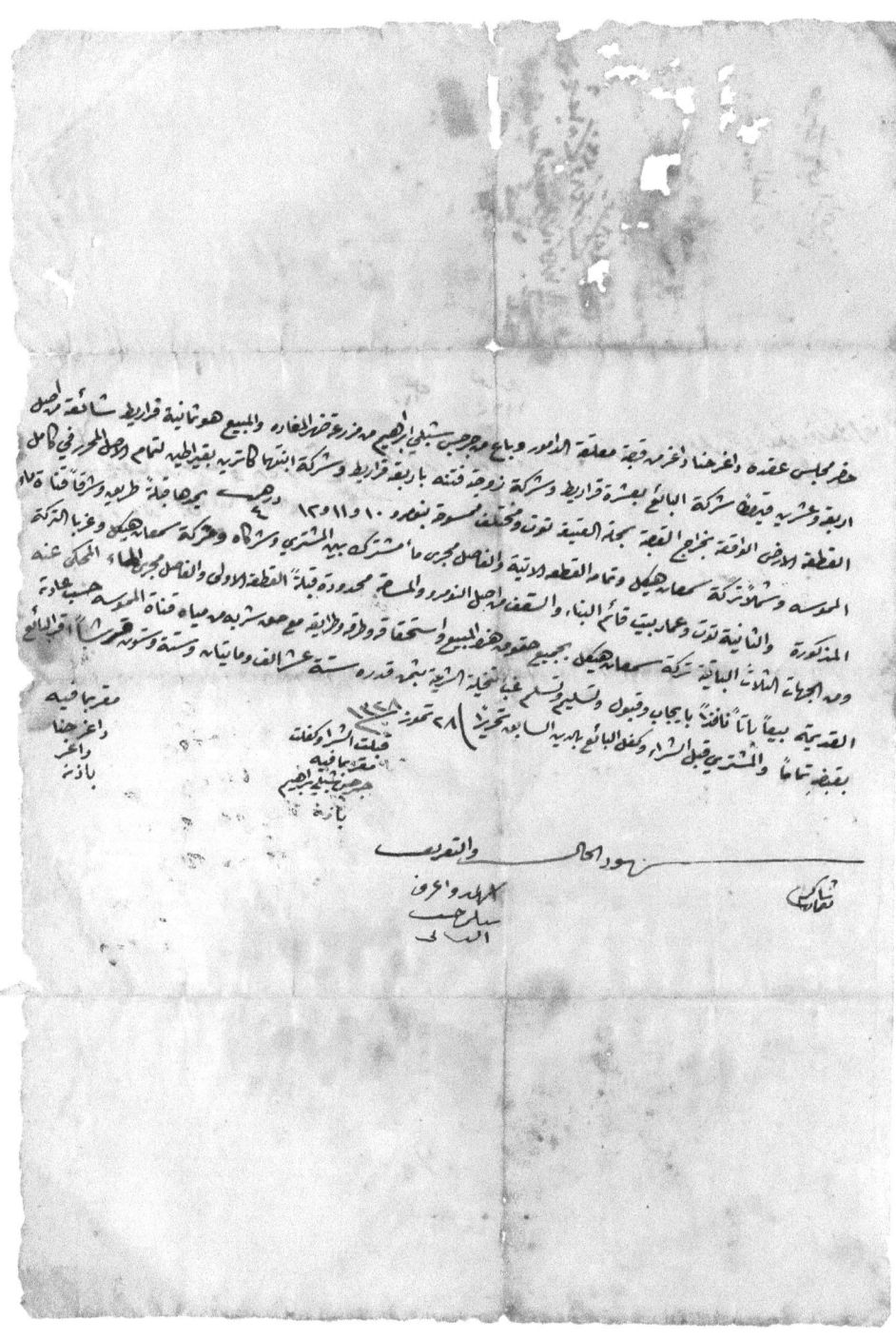

(الوثيقة رقم ١، صفحة ١)

شِبلُ المَغارَة

(الوثيقة رقم ١، صفحة ٢)

# (نصّ الوثيقة رقم ٢)[٢]

# (صفحة ١)

إنه بتاريخه حضر مجلس عقده سليم عبده شيبان الغريّب الوكيل الشرعي عن عزتلو سليم بك عمون بموجب وكالة مصدّق عليها في محكمة قضاء جزين الموقّرة بتاريخ ٤ جماد الأول ٣١٧ و٢٨ أغسطوس ٣١٥ نومرو ٩٤ وحضر معه شبلي داغر حنا إصالة عن نفسه وباعا كلاهما إصالة ووكالة من جرجس شبلي داغر ولد شبلي لصلبه والمبيع هو ما جاء بملك الموكل وشبلي المذكورين وبتصرفهما المتصل إليهما بوجه الشراء الشرعي من مدة وهو كامل القطعة الأرض الكائنة في نفس مزرعة ضهر المغارة من خراج الدبية مسماة بجدار خلة الزعرورة مشتملة على غرفة وبيت قائمي البناء والسقف وعلى دار وجدار به أغراس توت ومختلف وعلى أرضه سليخ ممسوحة من أصل نمرو ٧ قراريط ٤ يحدها قبلة طريق وشرقاً ملك الموكل والبائع وشمالاً كذلك وغرباً شبلي داغر أحد البائعين وولده كنعان تتمة الحدود. بيعاً صحيحاً شرعياً بإيجاب وقبول وتسلم وتسليم غب التخلية الشرعية بجميع حقوق هذا المبيع وحقائقه ومشتملاته وطرقه وطرائقه وكامل حقوقه بثمن قدره وبيانه ثمانماية غرش أقر البائعان إصالة ووكالة بقبضهما الثمن المذكور من المشتري ليدهما نقداً وعداً وإنهما لم يبق للموكل المذكور ولا للبائع المحرر بالمبيع المرقوم ولا بثمنه المسطر ملك ولا شبهة ملك ولا حق ولا دعوى أصلاً والمشتري قبل الشراء بماله لنفسه وكفل البائعين بأنه إذا ظهر عليهما دين سابق تاريخه و لم يكن عندهما ما يقوم بوفائه يدفع من ماله لدائنيهما من الثمن المحرر ولأجل البيان حرر هذا الصك / ٢١ حزيران ٩٠٣ الثالثة وتسعماية وألف مسيحية.

| | | | |
|---|---|---|---|
| شهود الحال | شهد بذلك | قابل ومقر بمافيه | سليم عبده |
| | عباس كرم الغريّب | شبلي داغر حنّا | الغريّب |

(ربما)

بمقتضى وكالتي عن البائع المصدق عليه لدى رفيق محرر مقاولات مديرية الشحار ١٤ أيلول ٣١٩ عدد ٩٩ أصادق على جميع مندرجات هذا الصك لآخر ما ذكر فيه.

قبلت الشراء نيابة وكفلت　　١٥ أيلول ٣١٥　　التوقيع
البائعين بالدين السالف　　ايلي رزق الله

الياس عون وكيل

---

٢ تثبت هذه الوثيقة وكالة سليم شيبان الغريّب وتوقيع شبلي داغر وابنه جرجس.

# (نصّ الوثيقة رقم ٢)
# (صفحة ٢)

جرجس شبلي داغر وولده ضهر المغارة

صورة أولى

إستوفي الرسم خمسة قروش ١٥ أيلول ٣١٩

توقيع وخاتم

/ ٧ رجب ٣٢١ و١٥ أيلول ٣١٩

حضر شبلي الأصيل وإيلي رزق الله الوكيل بسند مصدّق عليه وصادقاً أصالة ووكالة على كلّ ما تضمنه هذا الصك وإمضاء أحدهما الياس بخطه وشبلي أذن بوضع إمضائه والياس عون قبل الشراء نيابة وكفل وإمضاؤه بخطه.

| | | |
|---|---|---|
| عضو | عضو | رئيس |
| خاتم | توقيع | توقيع |
| سجل | عدد | |
| ٨٣ | ١٩٤٣ | |

إنه / ٧ رجب ٣٢١ و١٥ أيلول ٣١٩ حضر شبلي الأصيل والياس (غير واضح) رزق الله الوكيل بسند مصدّق عليه وصادقاً إصالة ووكالة على كل ما تضمنه هذا الصك وإمضاء أحدهما الياس بخطه وشبلي أذن بوضع إمضاه والياس عون قبل الشراء نيابة وكفل وإمضاه بخطه.

سجل وفقاً للنظام

| | | | |
|---|---|---|---|
| | عضو | عضو | رئيس |
| خاتم | خاتم | خاتم | خاتم |

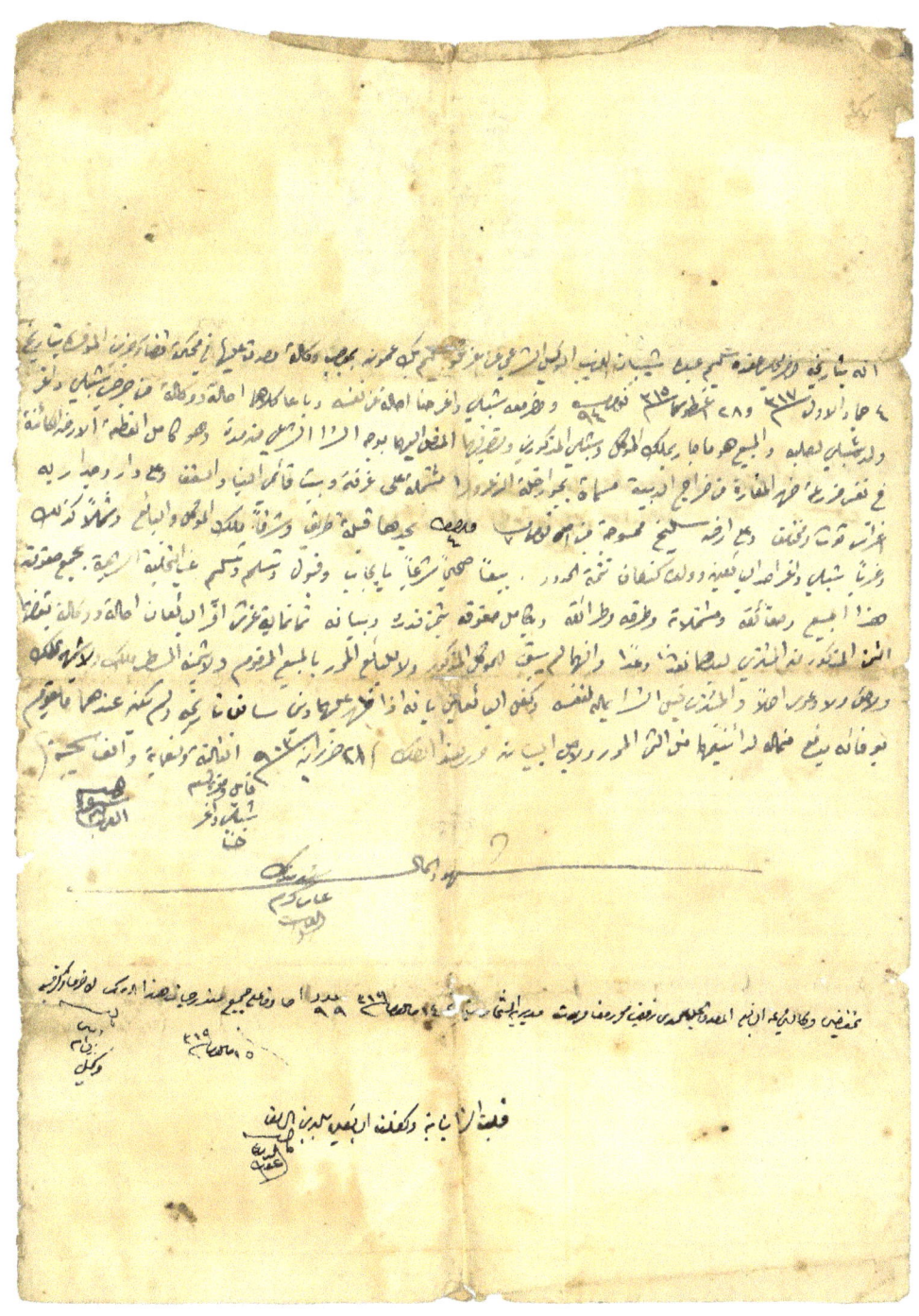

(الوثيقة رقم ٢، صفحة ١)

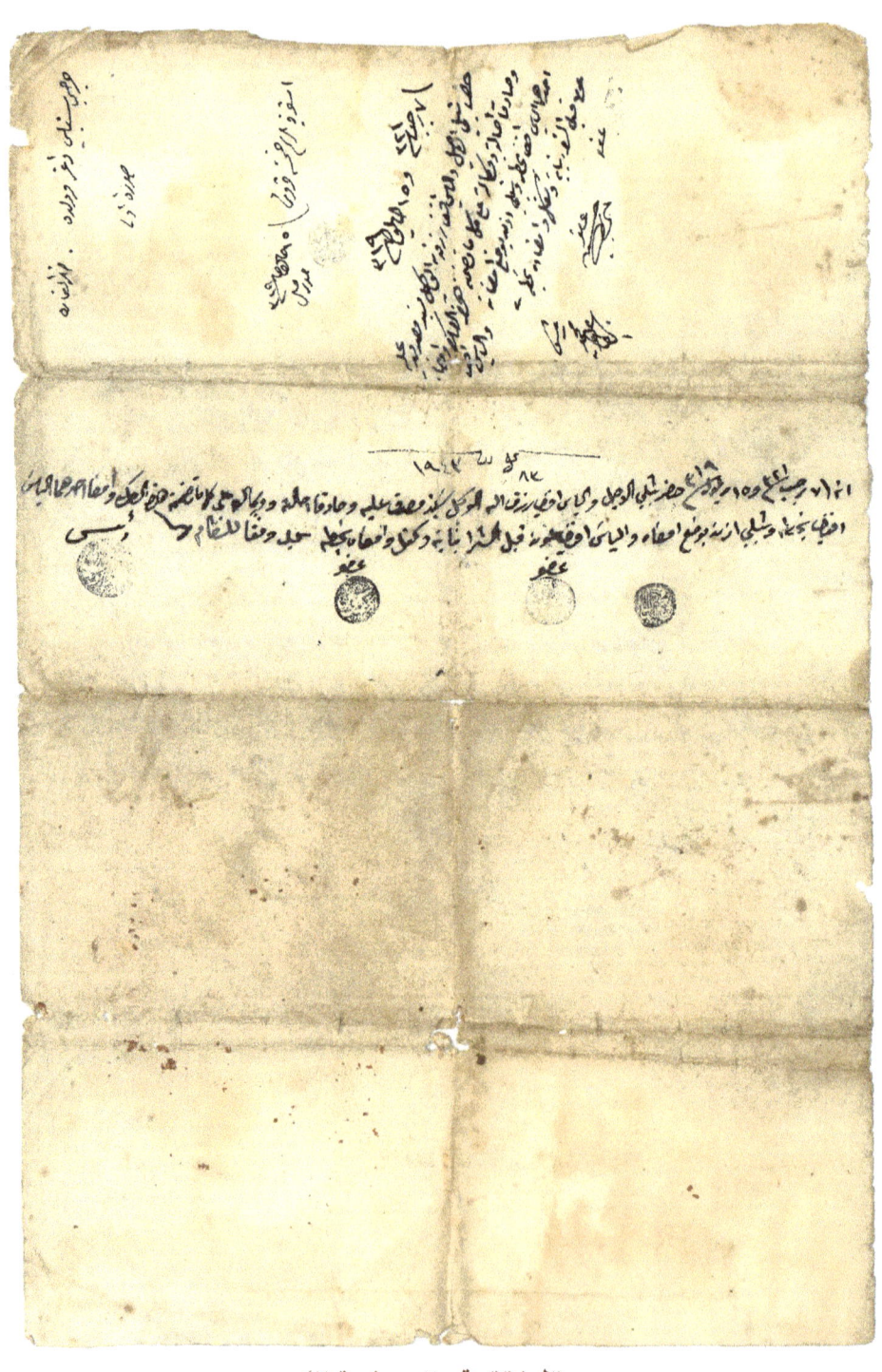

(الوثيقة رقم ٢، صفحة ٢)

# (نصّ الوثيقة رقم ٣)[٣]

## (صفحة ١)

إنه بتاريخه حضر مجلس عقده سليم عبده شيبان الغريّب الوكيل الشرعي عن عزتلو سليم بك عمون بموجب وكالة مصدق عليها في محكمة قضاء جزين بتاريخ ٤ جماد الأول ٣١٧ و٢٨ أغسطوس ٣١٥ نومروها ٩٤ وباع بموجب وكالته هذه من جرجس شبلي داغر من مزرعة ضهر المغارة والمبيع هو ما جاء بملك الموكل المذكور وبتصرفه المتصل إليه بوجه الشراء الشرعي من مدة وهو إثنا عشر قيراطاً شائعة من أصل أربعة وعشرين قيراطاً شراكة المشتري بالإثنا عشر قيراط الباقية تمام الأصل في كامل القطعة الأرض هي في نفس ضهر المغارة ضمن خراج الدبية مسماة سهم النصفاني مشتملة على أشجار بريّة وأرض سليخ وعلى بئر قائم البناء ممسوحة من أصل نومرو ١ إلى ١٧ حد ١٢ قيراط ١٥ يحدها قبلة طريق شرقاً ورثة بشاره شبلي داغر شمالاً كنعان شبلي داغر وتمام المشتري وورثة بشاره شبلي داغر شراكة الموكل المومى إليه غرباً حنا شاهين وشركاه من الجيّة تتمّة الحدود بيعاً تاماً صحيحاً شرعاً بإيجاب وقبول وتسلّم وتسليم غب التخلية بجميع حقوق هذا المبيع وحقائقه وطرقه وطرائقه ومشتملاته ومرافقه وكلما يعرف به شرعاً بثمن قدره وبيانه ثلاثة آلاف غرش أقر البائع بموجب وكالته بقبض الثمن المذكور من المشتري ليده نقداً وعداً وأنه لم يبق للموكل المومى إليه بالمبيع المحرر ولا بثمنه المسطر ملك ولا شبهة ملك ولا حق ولا دعوى أصلاً والمشتري قبل الشراء بماله لنفسه ولأجل البيان حرر هذا الصك / ٢١ حزيران ٩٠٣ الثالثة وتسعماية وألف مسيحية.

سليم عبده الغريّب

بمقتضى وكالتي عن البائع لصك مصدّق عليه من رفيق محرر مقاولات مديرية الشحار بتاريخ ١٤ أيلول ٣١٩ عدد ٩٩ أصادق على جميع مندرجات هذا الصك لآخر ما ذكر فيه

١٥ أيلول ٣١٩ إيلي رزق الله

قبلت الشراء وكفلت البائع بالدين السالف

شبلي داغر

---

٣ تثبت هذه الوثيقة تواقيع شبلي داغر وابنه جرجس، كما تثبت وفاة بشارة بن شبلي قبل تاريخ ٢١ حزيران ١٩٠٣.

# (نصّ الوثيقة رقم ٣)
# (صفحة ٢)

جرجس شبلي داغر ضهر المغارة

صورة ثانية

استوفي الرسم خمسة قروش / ١٥ أيلول ٣١٩

توقيع وخاتم

/ ٧ رجب ٣٢١ و١٥ أيلول ٣١٩

حضر إيلي أمين رزق الله الوكيل البائع لصك مصدق عليه من رفيق محرر مقاولات الشحار بتاريخ ١٤ أيلول ٣١٩ عدد ٩٩ وصادق على كل ما تضمنه هذا الصك على الوجه المشروح فيه وشبلي داغر قبل الشراء وكفل وامضاه بإذنه

عضو عضو رئيس

(من آل الخطيب) توقيع

سجل ٨٣ عدد ١٩٣٦

إنه / ٧ رجب ٣٢١ و١٥ أيلول ٣١٩ حضر الياس أمين رزق الله الوكيل البايع بصك مصدق عليه من رفيق محرر مقالات الشحار بتاريخ ١٤ أيلول ٣١٩ نومرو ٩٩ وصادق على كل ما تضمنه هذا الصك على الوجه المشروح فيه وشبلي داغر قبل الشراء نيابة وكفل وامضاه بإذنه وفقاً للنظام

عضو عضو رئيس

خاتم خاتم خاتم خاتم

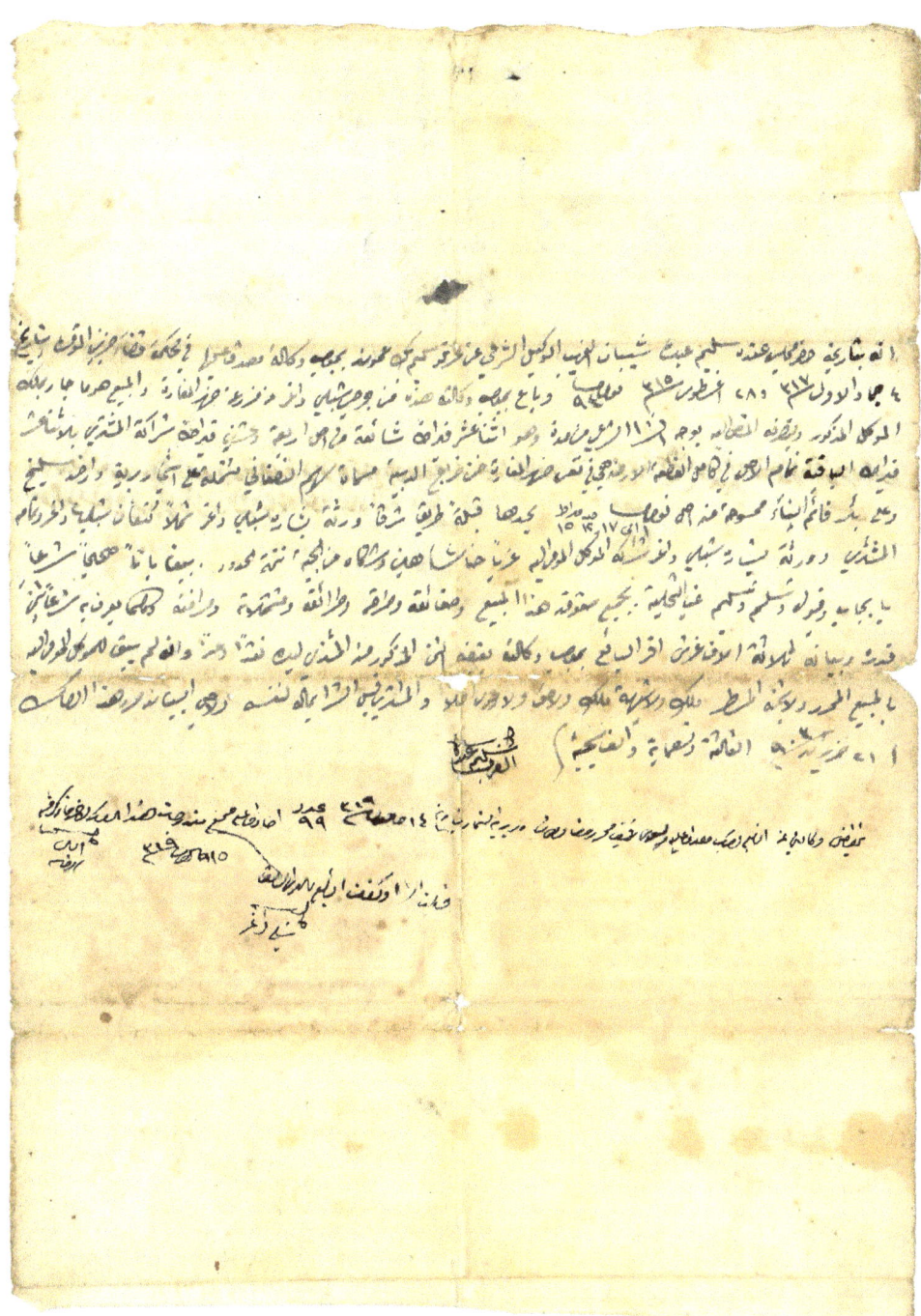

(الوثيقة رقم ٣، صفحة ١)

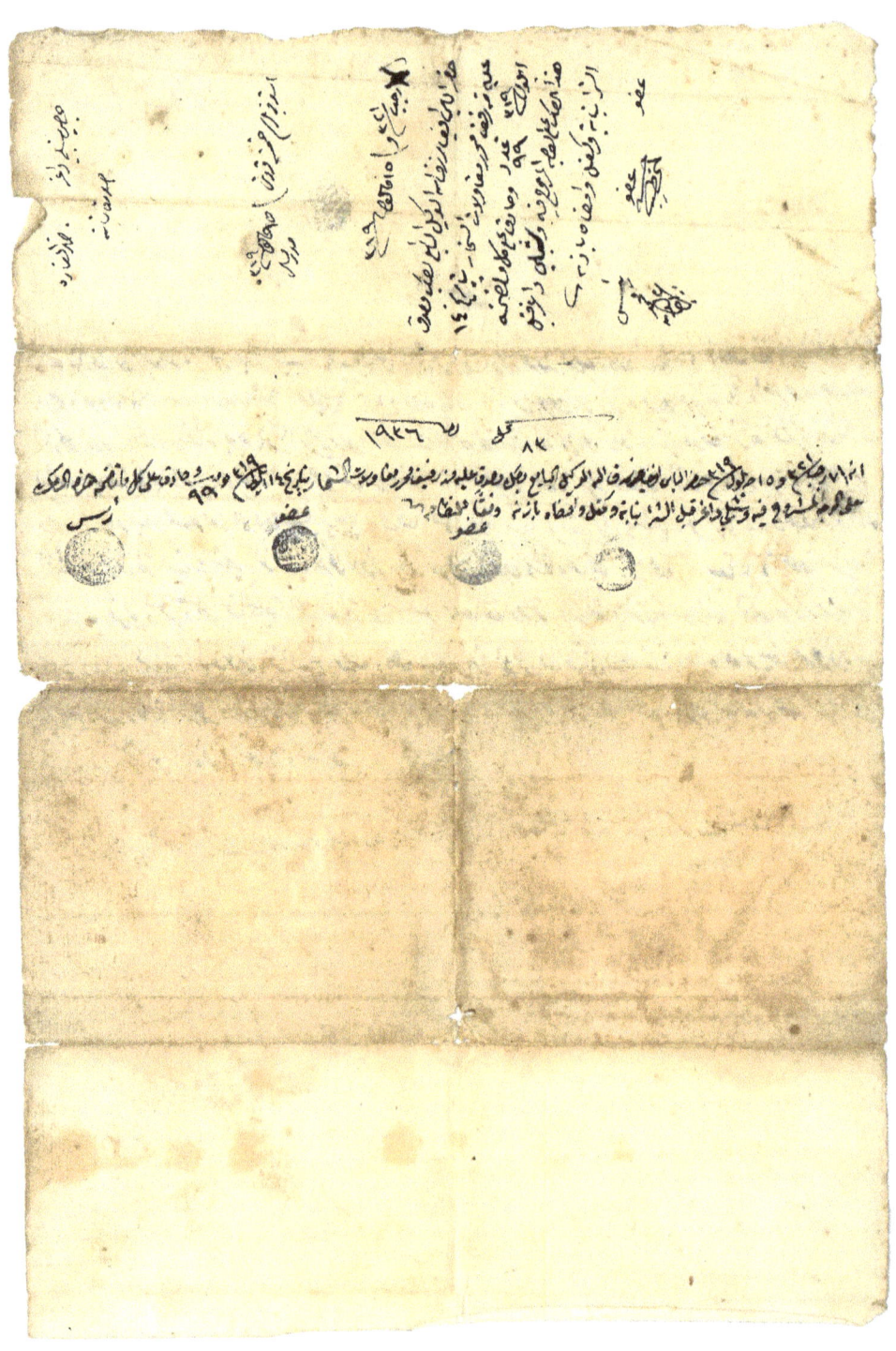

(الوثيقة رقم ٣، صفحة ٢)

# شبلي داغر في الدلهميَّة

بعد أن ترك شبلي بيت والديه في "بقعون"، وما إن شارفت شمس ذلك النهار على المغيب، حتى وصل إلى "الدلهميّة" بعد مسير نحو ساعتين، مجتازاً مع زوجته الأحراج الوعرة، والمسالك الشائكة، والأودية الموحشة. ولدى وصوله إلى هناك، قصد حالاً أحد المشايخ من الطائفة الدرزيّة الكريمة، كان يعمل لدى سعيد بك جنبلاط، وطلب منه بيتاً يأوي إليه مع زوجته. فلبّى الشيخ الطلب حالاً وأعطاه مفتاح غرفة قديمة، سقفها وأرضها من تراب، وقد هجرها المزارعون هناك بعد أن أضحت تتطلّب ترميماً شاملاً وإصلاحات عامّة في السقف، لمنع الدلف عن ساكنيها أيّام الشتاء.

بسط شبلي اللحاف في أرض الغرفة ليغطّي بعضاً منها. ثمّ ما إن غابت الشمس، ونزحت الأنوار تاركة للظلام حقّ اقتحام الطبيعة، حتى أقفل شبلي الباب على زوجته طالباً منها أن تمكث في الداخل، وألاّ تفتح لأيّ كان إلى أن يعود بعد بضع ساعات. ثمّ قفل عائداً من حيث أتى إلى "بقعون" حيث تقوم حظيرة المَعْز الخاصّة بوالده، فقفز إلى داخلها، وأخذ يرمي إلى الخارج الشياه السمينة حتى أتى على أربعين منها، وساقها ليلاً إلى "الدلهميّة" دون أن يشعر به أحد. وصل إلى بيته الجديد وحرس قطيعه خارج الدار طوال الليل حتى الصباح، مخافة أن يسطو عليه أحد اللصوص أو أن تهاجمه بعض الوحوش الضارية.

وعندما تفقّد إبراهيم، والد شبلي، المَعْز في الصباح لاحظ فقدان هذا العدد الكبير منها، وعلم أنّ شبلي هو الفاعل، لأنّ الكلاب لم تنبح ولم تحاول مهاجمته. فهي تعرفه وهو الذي كان يرعى القطيع ويهتمّ به. لذا لم يحسّ به أحد، ولم يلق أيّة معوقات في رحلته تلك.

وفي الصباح فوجئ الشيخ الدرزيّ بهذا العدد الكبير من المَعْز في حظيرة الدار، فتعجّب وتساءل موجّهاً إلى شبلي أصابع الاّتهام، لكنّ شبلي ذكر له أنّها ملكه. فعرض الشيخ إذ ذاك شراءها منه واتّفقا على مبلغ أربعين "عثمليّة" بمعدّل "عثمليّة" واحدة للرأس الواحد. فقبض شبلي الثمن نقداً ووضعه في خرقة من قماش لفّها إلى وسطه، وأقفل الباب قاصداً بيروت مشياً على الأقدام مع زوجته حنّة.

في بيروت، اشتريا بعشر "عثمليّات" بعض الحوائج الضروريّة، وبعض اللوازم البيتيّة، وحمّلاها على سبعة جمال، وعادا بها إلى "الدلهميّة".

وهكذا بدأت حياة شبلي المستقلّة، وبدأ منذ ذاك الوقت يعتمد على نفسه ساعياً إلى ادّخار ما يمكن ادّخاره، ليجعل به خميرة صالحة لحياة أفضل.

# أوصافُه

كان شبلي داغر يُعدّ من الرجال الرجال، فكلّ مَن لم يره قد سمع باسمه أو بصيته.

كان مهاب الجانب، وقوراً، ذا سطوة وحضور، طويل القامة، قويّ البنية، صلب العضل، عريض المنكبين، أسمر اللون؛ قد أرسل شاربيه على هواهما فطالا، ثمّ قاما من على الطرفين ليعطياه مزيداً من المهابة والرزانة. مُشعر الصدر حتى قيل فيه إنّه كان يُضرم النار في شعر صدره، ويحمي رأسه منها، حتى إذا انتهت إلى عنقه مدّ يده ومسح صدره بكفّيه وأطفأها. في عينيه بريق الذكاء والطموح، وفي ساعديه بشائر العزم والإقدام.

ذاع صيته في كلّ المنطقة، حتى إذا عُدّت الرجالُ كان أوّلها.

وكما كان من الرجال الأشدّاء، كذلك كان إنساناً كريماً مضيافاً، وأباً صالحاً، يعرف حقوقه وواجباته البيتيّة والاجتماعيّة حقّ المعرفة. ولم يعتدِ طيلة حياته على أحد. وقد عُرف بإنسانيّته ومروءته، ومساعدته المحتاجين، ووقوفه دائماً إلى جانب الحقّ، ممّا جعله سيّد قومه وفريد زمانه.

وهكذا تحلّى شبلي بقوّة وشجاعة وحلم وهبَه الله إيّاها، كما وهبه صوتاً جهوريًّا يكاد يُسمع على بُعدِ بضعة كيلومترات. وقد سمعه والده من "بقعون" حتى "بعاصير"، عندما أُطلِق سراحه من السجن وأخذ يغنّي، فردَّدت صوتَه التلالُ والأوديةُ هناك.

وتأكيداً لهذا الخبر الذي رواه لي معظم أولاده، فقد شهدت حادثة لا بدّ من ذكرها للقارئ الكريم، علّها تزيده قناعة بما وصلني من روايات وأخبار عن هذا المعّاز العتيق، الذي احتكر البأس في ساعديه شاباً، كما احتكر الحكمة في عقله شيخاً:

فقد كنت ذات يوم من عام ١٩٥٠م، ولمّا يتجاوز عمري الثانية عشرة، واقفاً في ساحة كنيسة مار الياس القديمة في بلدة "الدامور"، أنتظرُ مع مَن ينتظر بدء القداس الإلهي؛ وكان إلى جانبي رجل يدعى أنيس مارتينوس عون، وكنت أعرفه جيّداً لأنّه كان صديقاً لوالدي.

وكان أنيس يتبادل الأحاديث مع رجلين آخرين من "الدامور" وقد طعنا في السنّ؛ وموضوع الحديث كان يدور حول بأس وصلابة عود رجال الجيل الغابر، وركاكة وخنوع أبناء هذا الجيل الصاعد.

فقال أحد الشيخين إلى أنيس، وأنا ما زلت بجانبه:

"لمّا كنت بعمر هذا الشابّ الصغير (وأشار بيده إليّ)، كنت مرّة في هذه المحلّة بالذات مع بعض الآخرين، سمعنا كلّنا صوتاً جهوريًّا صادراً من نحو الجنوب، كأنه هدير عميق متقطّع. فتعجّب كلّ منّا وقال: ما عساه يكون هذا الصوت؟ فقال لنا أحد الحاضرين، وكان قد طعن في شيخوخته: هذا شبلي داغر في "الدلهميّة"، وقد سرّح قطيعه ليرعاه هناك".

هذه الرواية الثقة ما زلت أذكرها. وقد أثبتّها هنا لتعطي فكرة صحيحة عن هذا الرجل الغريب البنية، ونأخذ مأخذ الجدّ ما سمعنا ونسمع عنه؛ إذ لا غاية لنا من ذلك سوى إظهار الحقيقة وسَوق الخبر اليقين.

كما وأني قد سمعت من أبنائه الذين عاصرتهم؛ وأعني نعمه، وإبراهيم، وأسعد، ومسعود، أنّ والدهم كان يقف أحياناً على سطح الأقبية أمام علّيته المشرقة على نهر "بعاصير"، وينادي صهره هناك رشيد البستاني في حارة "بعاصير"، ويدعوه إلى السهرة، أو إلى أمر آخر، فيسمع رشيد، وغالباً ما كان يلبّي الطلب، ولم يكن شبلي طبعاً ليسمع من صهره الردّ، والمسافة بين البلدين نحو ثلاثة كيلومترات.

# حلمٌ كبير

عاش شبلي داغر في "الدلهميّة" مع عائلته، بعيداً عن أبويه وأخيه حبيب، مدّة تتراوح بين اثنتي عشرة وأربع عشرة سنة، رُزق فيها جميع أولاده ما عدا إبراهيم، وفريدة، وسعيدة، كما ذكرنا سابقاً.

وهناك في "الدلهميّة"، حيث كان يملكها سعيد بك جنبلاط ويملك قسماً آخر منها سليم بك عمّون، عاش شبلي يرعى قطعانه في أملاك جنبلاط، ويتعاطى الزراعة في أملاك الاثنين معاً.

وكانت عائلة شبلي تنمو وتكبر، ومتطلّبات العيش تزداد باطّراد، ممّا جعل الحياة قاسية والعمل مرًّا، والغلال لم تكن يوماً على قدر الأمل المنشود، والبلاد عامة ترتع في فقر مدقع. فيضطرّ المزارع أحياناً إلى بيع بعض مواشيه ليسدّ بثمنها ما يحتاج أبناؤه الصغار من لباس وغذاء، بينما كان كبار المالكين لا يحسّون بضيق العيش، كما يحسّه هؤلاء الذين يعملون تحت وطأة الحرّ والقرّ، فتكوي الشمس سحنتهم، ويجرّح العرق جباههم، أو يدبّ البرد في عظامهم دبيب الموت في الأجسام، فيعيشون حياة البؤس والهوان، بينما يستأثر المالكون بالحصص الوفيرة من الغلال دون تعب أو شقاء.

ولا عجب! أليسوا هم أصحاب الأرض والسلطة والمال؟

ومَن ذا الذي يقوى على معارضتهم أو توجيه اللوم إليهم؟

فمَن يفعل مات جوعاً أو اضطهاداً!

وهكذا، في ظلّ شقاوة العيش وخشونته، عاش شبلي في "الدلهميّة" متطلّعاً إلى سبل أخرى تعتقه من عبوديّة الإقطاع، وتقوده إلى الاستقلاليّة والحريّة؛ حتى لا يبلى أبناؤه بمثل ما بُلي هو به من شقاء وعناء.

لذا أخذ يتقرّب مباشرة، ودون أيّ وسيط، من سليم بك عمّون، وكأنّه يعمل بقول الشاعر وإن كان يجهله:

إذا ما أتيتَ الأمرَ مِنْ غيرِ بابِهِ　　　ضللتَ وإنْ تَدخُلْ مِنَ البابِ تَهتَدِ

فدخل شبلي حياته الجديدة من بابها العريض. وكان عمّون رجلاً ذا ثقافة وعلم وحكمة، يقدّر العمل الصالح والعمّال الصالحين. وكانت تعجبه شجاعة شبلي وصراحته، ويفضّل لو يعمل هذا الفلاّح دائماً في أرضه، لأنّه رأى فيه المزارع النشيط والعامل المخلص؛ إذ ما مرّ في أرضٍ مُجدبةٍ إلاّ وأحالها خضراءَ مزهرة.

ولم يمكث عمّون طويلاً في اتّخاذ قراره، بل دعا إليه شبلي حالاً، وعرض عليه أن ينتقل إلى أملاكه في "ضهر المغارة"، حيث المرعى خصب والأرض جوّادة.

فابتدأ المشوار مع شبلي، ولاحت له في الأفق تباشير الأمل المنشود. وقد يتحقّق الحلم الكبير هناك، وتبيضّ أيّامه السود، ويقتني أرضاً تعتقه من العبوديّة، وهوان التزلّف وذلّ الانسحاق. وبين ليلة وضحاها كان شبلي داغر هناك حيث حلمه الكبير.

# شبلي في أرضِ ميعادِه

ما إن عرض سليم بك عمّون على شبلي زراعة أراضيه في "ضهر المغارة"، حتى أرسل إليها في اليوم التالي ولدَيه الأكبرين كنعان وبشاره؛ حيث لم يكن أحد ليستطيع أن يعبر أراضيها أو ممرّاتها لوعورتها، وتشابُك مسالكها بالقندول والبلاّن وأشجار السنديان والملّول. فراحا يبحثان هناك، وحسب تعليمات والدهما، عن أوسع المنبسطان وأسهلها تمهيداً لزراعتها. وكان لهما من الخبرة الزراعيّة ما يكفيهما رغم صغر سنّهما؛ وقد رافقا والدهما دائماً في أعمال الزراعة ورعي الماشية منذ أن قويا على ذلك.

فاختارا بعض الأراضي التي يغطّيها الهشيم وأضرما فيها النار، وراحا من بعيد يراقبان الحرائق ويحصرانها بما أوتيا من فؤوس ومناجل، حتى لا تمتدّ كثيراً، إلى أن أتت النيران على جميع ما في تلك الأماكن التي اختاراها قرب مغارة "الجيّة".

ثم عاد المزارعان الصغيران إلى "الدلهميّة" بانتظار موسم الحرث والزرع. وما إن بدأت تباشير المطر تبدو في الأفق، في خريف عام ١٨٨٢م، وهو التاريخ المرجّح لانتقال شبلي إلى "ضهر المغارة"، حتى عزم شبلي على ترك "الدلهميّة" إلى "الأرض الجديدة"؛ أرض ميعاده، التي طالما حلم بها. وانتقل مع جميع أفراد عائلته إلى "ضهر المغارة".

وفي "ضهر المغارة" حطّ رحاله في بيت قديم من تراب، وقد تداعى اليوم وما زالت بعض زواياه المتهالكة تعاند الريح والقدر، وآثاره لمّا تزل بارزة تحكي قصّة ذاك البطل العصاميّ. ويبعد هذا البيت نحو خمسين متراً عن الأقبية الخمسة والعليّة التي تعلوها، وقد آل فيما بعد إلى ولده جرجس.

وفي الوقت المناسب زرع شبلي ولأوّل مرّة هناك ستّين رطلاً قمحاً في الأراضي التي أُحرقت خلال فصل الصيف.

وما إن نبت القمح ونما عالياً حتى بان مروجاً خضراء تحبل بالغلال الوفيرة، ممّا لفت أنظار سليم بك عمّون وهو يتفقّد يوماً أراضيه برفقة شركائه.

وكان عمّون كلّما وصل إلى حقل نما فيه القمح نمواً بارزاً وأعجبه اخضراره، سأل عن زارعه فيقولون له بأنّه لشبلي داغر، فيتعجّب ويقول: "ما بالكم كلّما سألتكم عن حقول قائمة تقولون إنّها لشبلي؟ إنّه وقد جاء حديثاً قد اختار لنفسه أخصب الأراضي وأجودها، وأنتم هنا منذ سنين طويلة أوَ لم تهتدوا بعد إلى الأصلح فيها؟".

ومنذ ذلك الوقت، كان حسن ظنّ عمّون بشبلي في محلّه، آملاً منه أن يجعل من أرضه بساتين وحقولاً ضاحكة في غضون سنوات معدودة.

هذا وقد كانت غلّة السنة الأولى، في "ضهر المغارة"، خمسين كَيلاً من القمح. والكَيل كما كان يُعرف يبلغ ستّة أمداد، والمدّ تنكة عاديّة من سعة عشرين ليتراً.

# شُركَاءُ عَمُّون

كان لسليم بك عمّون، في "ضهر المغارة"، اثنا عشر شريكاً زراعيًّا. والشريك ليس مَن شارك بملكيّة الأرض، بل مَن عمل فيها وأخذ حصّته من الغلّة بنسبة معيّنة. وقد تتفاوت هذه الحصّة بالنسبة إلى نوع المحصول. فمَن تعامل مع أشجار كبيرة مثمرة ليس كمَن زرع قمحاً أو شعيراً أو قطانة. وقد كانت زراعة الزيتون ومعاملته وقطاف الموسم منه يعطى بالربع؛ أي أنّ ربع الغلال فقط هي من نصيب المزارع، ويستأثر المالك بالباقي. لكن في زراعة الحنطة فقد كان للشريك فيها حصّة تصل حتى العشرين بالمئة أحياناً، وذلك طبعاً بالنسبة إلى نوعيّة الأراضي المزروعة وسهولة أو صعوبة مسالكها. ومن شركاء عمّون نذكر المدعو مخايل تقلا من بلدة "الدامور".

وكذلك فارس داغر، وهو صهر شبلي زوج شقيقته حنّة. وقد ورد ذكره في إحدى وثائق البيع المؤرّخة في ٢٢ آب ١٨٨٧م، تحت اسم فارس ضاهر قزما من "عقليه"، وكان ينوب أحياناً عن سليم بك عمّون في بيع أراضيه.

ونذكر أيضاً من الشركاء مخايل بولص الذي ورد اسمه في الوثيقة الآنفة الذكر.

هذا بالإضافة إلى شبلي داغر، وشقيقه حبيب الذي لحق بأخيه إلى "ضهر المغارة"، بعد أن ترك شبلي "الدلهميّة"، وأصبح الشقيقان هناك يعملان معاً بكلّ أمانة ونشاط.

وكان المدعو سليم عبده شيبان الغريّب من "الدامور" وكيل أعمال عمّون في "ضهر المغارة"، ومسؤولاً مفوّضاً في بيع أرزاقه بموجب وكالة مصدّقة من محكمة جزّين كما ورد في إحدى المستندات المرفقة بهذا الكتاب.

# إمتلاكُ الأراضي

كانت "ضهر المغارة"، كما سبق وذكرت، تحتوي على بيوت ثلاثة وأقبية خمسة متلاصقة للمَعْز والغنم، كما كان فيها أيضاً بئر عميقة عُرفت ببئر السنديانة، وقد حُفرت في صخرة واحدة بطريقة أسطوانية تُدهش الناظرين، وكانت تُملأ بمياه الشتاء، وتظلّ مياهها باردة طوال فصل الصيف. أمّا وقد باتت هذه البئر فيما بعد في ساحة البلدة وفناء كنيستها فقد رُدمت حاليًّا، وزالت آثارها كليًّا.

ولمّا كثر الشركاء في "ضهر المغارة" وكثرت مواشيهم، اضطرّوا إلى بناء عدّة آبار أخرى لتفي بالحاجة، وما زالت قائمة حتى اليوم لكنّها مهملة وفارغة. كان شبلي يهدف من زراعة الأراضي وتشجيرها إلى استملاكها ذات يوم. وهو حلم كبير طالما راوده. وهنا تكمن قدرة هذا الإنسان العنيد في الإصرار على تحقيق حلم بعيد المنال بكلّ ما أوتي من عزم وتصميم. فعمل بصبر ورويّة، ذاهباً في الصباح الباكر مع أولاده الشبّان، يسبقون الفجر إلى الحقول، وعلى أكتافهم معاولهم ومحاريثهم ينكشون أرضهم ويحرثونها ويحوّلونها إلى مدارج وجلول، ويقيمون فيها أشجار الزيتون، واللوز، والتين، والكرمة، دون ملل أو تذمّر. وبعضهم يرعى قطعان الماشية، مدّخرين من أموالهم ما استطاعوا إلى ذلك سبيلاً.

هذا ما كان عليه شبلي وأولاده.

أمّا شقيقه حبيب فكان يعمل إلى جانب أخيه، مقتدياً بنشاطه، عاملاً مع ولديه الاثنين في هذا المضمار.

ولمّا رأى عمّون نشاط شبلي وأخيه وأولادهما، ورأى أراضيه تستحيل وراءهم بساتين وجنائن ضاحكة، أراد مكافأتهم على إخلاصهم للأرض، وهو الرجل الذي يقدّر العمل ويحترم المخلصين لأشغالهم، فعرض يوماً على شبلي أن يبيعه من أرضه

ما يرغب، على أن يفيه الثمن من الغلال وبالتقسيط. فاعترت شبلي إذ ذاك قشعريرة الفرح، وأحسّ كمَن حقّق له الله أمنيته المطلوبة.

وإذ كان لا يملك عدّة غير الدعاء، شكر عمّون على بادرته الطيّبة هذه سائلاً الله أن يُكثر من أمثاله الصالحين رأفةً بالفقراء الكادحين.

وهكذا، بعد هذا الميثاق الوعد، أخذ شبلي يرسل إلى عمّون مع وكيله "الغريّب" ما تملك يداه من "عثمليّات" و"مجيديّات" دون حساب، إلى أن يأتي عمّون يوماً ويقول لشبلي: "ها قد وصلني حتى الآن ما يكفي ثمناً لهذا "الفطم"، أو لهذه "الخلّة"، أو تلك "النقبة". وشبلي لم يكن ليدري كم دفع أو كم اشترى، بل كان الاثنان يتعاملان بضمير حيّ وإخلاص تام، حتى أنّه إذا كان لدى شبلي ريال مجيدي واحد أرسله إلى عمّون في حدث بيروت حيث كان يسكن. ولم تمضِ عشرون سنة على هذا المنوال حتى كان شبلي داغر قد أتى على معظم أملاك عمّون في "ضهر المغارة".

وهكذا إذا تصفّحنا كتب التاريخ قلّما عثرنا على رجل كشبلي داغر، قد امتاز بالشجاعة وبُعد النظر، وكان قدوة في الأخلاق الطيّبة والمناقب الحميدة، وعمل طيلة حياته على اقتناء أراضٍ واسعةٍ من الإقطاعيّين، واستحالت أراضيه بلدةً عامرةً وبساتين مثمرة تزخر بالحياة؛ وعدّتُه عزمٌ عنيدٌ، ودأبٌ متواصلٌ، وعملٌ مستمرٌ مع أولاد شبّان كانوا له العون الحقيقي في ذاك الدرب الطويل.

## حبيب داغر وامتلاكُ الأراضي

حبيب داغر هو شقيق شبلي ويصغره بسنتين تقريباً. وقد عاش الشقيقان طيلة فترة طفولتهما وشبابهما في "بقعون" مع والديهما كما مرّ معنا. وكان الشقيقان يعملان معاً في أرض "الدوماني"، ويتعاونان في السرّاء والضرّاء، إلى أن تزوّج شبلي من حنّة واضطُرّ إلى ترك والديه نازحاً إلى "الدلهميّة"، كما بات معروفاً. لكنّ حبيب بقي مع والديه يشدّ أزرهما إلى أن غادر شقيقه "الدلهميّة" إلى "ضهر المغارة"، فلحق بأخيه هناك وأخذا مع أبنائهما يتعاونون في نقب الأرض، ومن ثمّ على امتلاكها، إلى أن أتى الشقيقان على كلّ أراضي تلك البلدة. وفي الوثائق المرفقة بهذا الكتاب نرى أنّ حبيب قد سلك مسلك أخيه واشترى عدّة قطع من الأرض في "ضهر المغارة" وفي محلّة "السيار" المحاذية لها، وذلك إمّا لوحده أو بالاشتراك مع صهره فارس، كما تُثبت إحدى الوثائق المرفقة التي يعود تاريخها إلى ٢٢ آب ١٨٨٧م. وهي أقدم مستند حصلت عليه في ما يتعلّق بتاريخ "ضهر المغارة".

كما أنّه بعد زواج حبيب من طريزة درويش من "الدبية"، آلت إليه بعدئذٍ قطعة أرض لوالدها في محلّة "السيار".

وإن لم يستطع حبيب أن يشتري من الأراضي في "ضهر المغارة" بقدر ما اشترى أخوه شبلي، فذاك أمر طبيعيّ يعود إلى أنّ شبلي كان له من الأولاد الشبّان العاملين معه أكثر ممّا كان لحبيب. ولكن يكفي حبيب فخراً أنّه استطاع أن يمتلك بعضاً من هذه الأرزاق حين عجز الآخرون من وكلاء عمّون ومزارعيه عن اقتناء مترٍ مربّعٍ واحد.

وقد اتّصف الأبناء بمساعدة بعضهم البعض، واتّحادهم في كلّ الأمور التي يُقدمون عليها، حتى أنّه إذا اشترى أحدهم قطعة من الأرض ساعده الآخرون على نقبها وتشجيرها.

وممّا يجدر ذكره أنّه لمّا انتقل شبلي وحبيب إلى "ضهر المغارة" أصبحت العلاقات طيّبة بين شبلي ووالده. وربّما عاد ذلك إلى جهود حبيب ومساعيه في هذا المجال. حتى أنّه لمّا رُزق شبلي صبيًّا في "ضهر المغارة" أسماه "إبراهيم" تيمّناً بوالده. وكانت فرحة إبراهيم الوالد بإبراهيم الحفيد كبيرة. كيف لا وهو يحمل اسمه، فأهداه عدّة "عثمليّات" عند ولادته عربون محبّة وإخلاص.

ومذ ذاك الوقت أصبح اسم شبلي إبراهيم داغر يظهر في بعض تواقيع شبلي على سندات الملكيّة، وفي السجلاّت الرسميّة. لكنّنا لا نملك أيًّا منها كدليل حسيّ.

# أقدَمُ الوثائِق

أقدم وثيقة حصلنا عليها، فيما يتعلّق بتاريخ "ضهر المغارة"، هي الوثيقة التي تُثبت شراء بعض الأراضي في "ضهر المغارة" من قِبل حبيب داغر، ويعود تاريخها إلى ٢٢ آب ١٨٨٧م، وهذا نصُّها:

# (نصّ الوثيقة رقم ٤)

الحمد لله تعالى

إنّه بتاريخه قد حضر إلى مجلس عقده فارس ضاهر قزما من عقليه الوكيل الشرعي عن سليم أفندي عمّون من دير القمر من الطايفة المارونية الثابت الوكالة وبشهادة كل من خليل أفندي عمّون ومخايل بولص من ضهر المغارة وباع بموجب وكالته من حبيب داغر الحاضر معه النصف اثني عشر قيراط شايعة في القطعة الأرض الكاينة في السيار على ملك موكله محتوية على أراضي (غير واضحة) ومختلفه يحدها قبلة مجرى ماء شتوي وشرقاً ملك عبدالله الخوري يوسف البستاني من الدبية وشمالاً ملك أنطونيوس لوقا من الدبية وغرباً ملك ورثا الأمير سعيد رسلان واثني عشر قيراط (غير واضحة) القطعة الأرض جملة محتوية قطعة أرض بيضا وبيت قايم البنا مسقوف بالجذوع والأخشاب يحدها قبلة ملك ورثا الأمير سعيد رسلان وشرقاً طريق وشمالاً ملك قاسم علامة من الشويفات وغرباً ملك ورثا الأمير سعيد رسلان وفي قطعة ثالثة تسمى البيدر يحدها قبلة ملك قاسم علامة وشرقاً طريق وشمالاً طريق وغرباً ملك ورثا الأمير رسلان ويتبع هذا المبيع اثني عشر قيراط شايعة في الآبار الخاصة بهذه القطعة ممسوحة في دفتر المساحة من نمره ١ إلى نمره ١٣ عنها سهم ٣ قيراط ٦ حبة ١٦ ثلاثة دراهم وستة قراريط وستة عشر حبة شراكة البايع بالإثني عشر قيراط الباقية على ملكه بجميع حقوق هذا المبيع كله وطرقه وطرايقه واستحقاقاته ومنافعه ومشتملاته وتوابعه ولواحقه ورسومه وكل حق هو له وفيه بيعاً باتاً مشتملاً على الإيجاب والقبول والتسليم والتسلم غب التخلية الشرعية بثمن قدره لهذا المبيع سبعة آلاف وثلاثماية غرش أقر البايع بقبض الثمن ليد موكله تماماً وكمالاً وأنه لم يبق لموكله حق أو ملك أو شبه ملك لا في المبيع ولا بثمنه المسطر ولا دعوى أصلاً وحبيب داغر المشترا لنفسه من ماله وللبيان حرر / ٢٢ آب / ٨٧.

التوقيع

سليم عمون مقر بما فيه

فارس ضاهر قزما

إنه بناء على تعذري عن الحضور لدى محكمة قضاء الشوف الموقرة فقد وكلت الخواجه فارس ضاهر قزما أن يصادق عني على بيع القطعة المحررة في باطن الصك أعلاه وعلى قبض الثمن وقد أشهدت على صحة توكيلي إياه كلا من شقيقي خليل عمّون والخواجه مخايل بولص من ضهر المغارة وبياناً لذلك حرر في ٢٢ آب ٨٧.

توقيع سليم عمون

لقد صادق أمامي جناب سليم أفندي عمون بأنه وكل عنه الخواجه فارس ضاهر قزما بالمصادقة على بيع القطع الأرض المحررة أعلاه وشهد في الوكالة خليل أفندي عمون من دير القمر ومخايل بولص من ضهر المغارة وعلى قبض الثمن أيضاً من المشتري المرقوم وللبيان كتبت الواقع توقيعاً للنظام العالي / ٢٢ آب / ١٨٨٧

توقيع الكاتب

سلمان طنوس الخوري ٢٢ آب ١٨٨٧

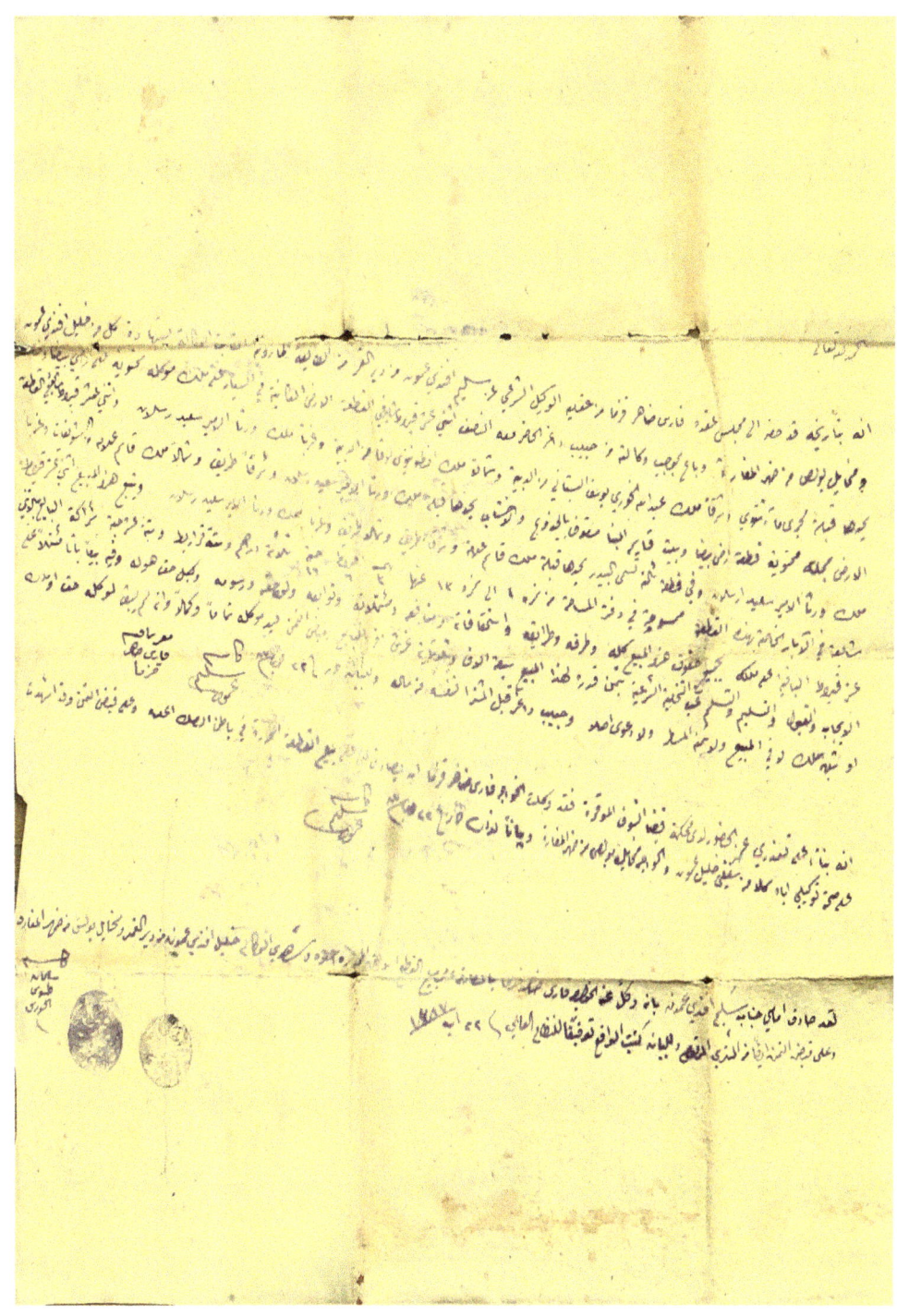

(الوثيقة رقم ٤، صفحة ١)

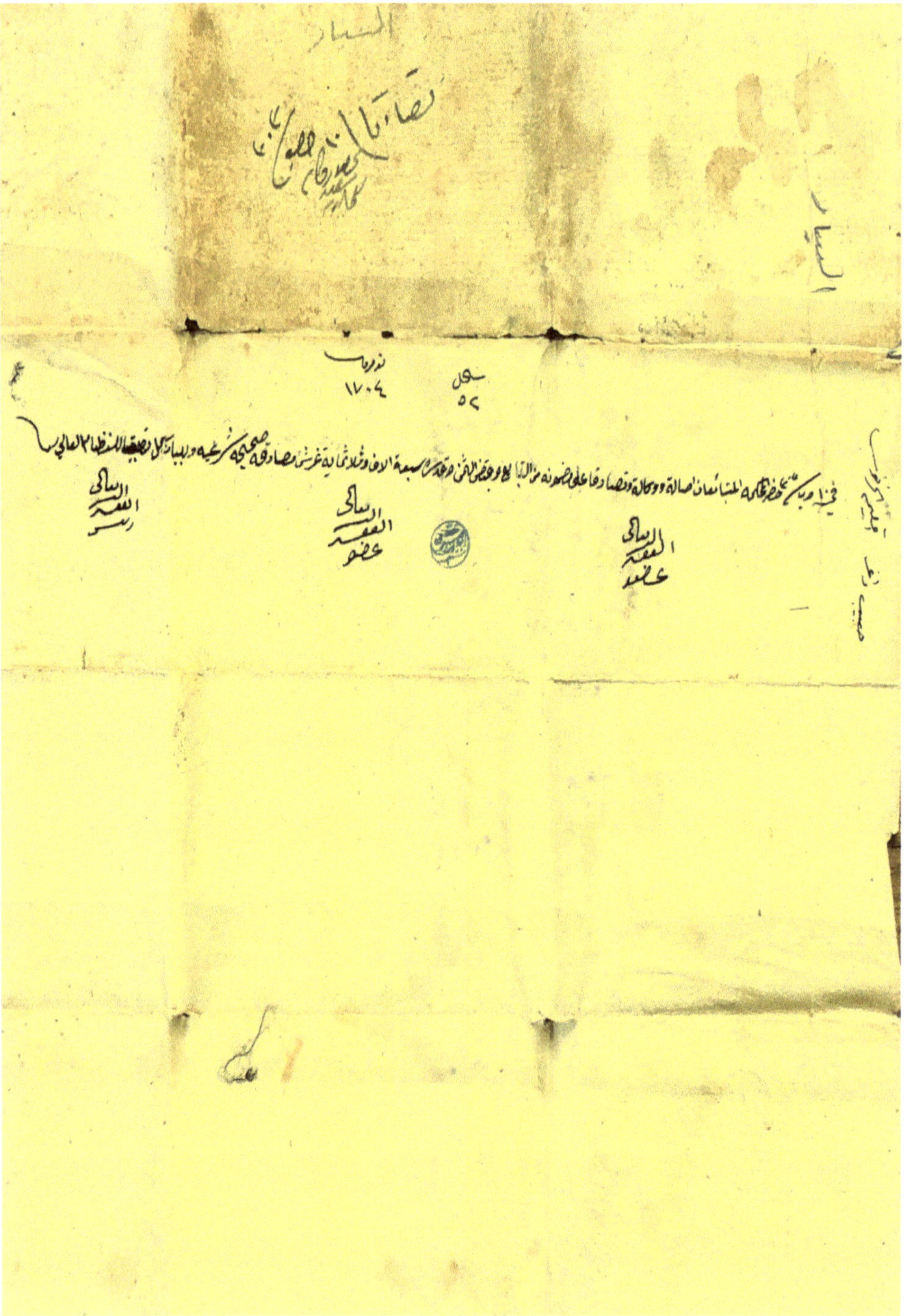

(الوثيقة رقم ٤، صفحة ٢)

# (نصّ الوثيقة رقم ٥)
# (الصفحة ١)

بتاريخه قد حضر مجلس عقده جناب الدكتور سليم أفندي عمون من دير القمر وباع من الحاضر معه حبيب داغر من بقعون كلاهما من الطايفة المارونية ما هو ملكه وجاري تحت مطلق تصرفه النافذ الشرعي لحين صدوره المتصل إليه بالإذن الشرعي عن المرحوم والده (غير واضحة) والشراء من والدته وإخوته والمبيع هو ستة قراريط شائعة من أصل أربعة وعشرون قيراطاً في القطعة الأرض المسماة فسقانية التحتا من ضهر المغارة في إقليم الخروب تابعة خراج الدبية مساحتها اثنتين وعشرون قيراطاً وأربع دراهم من أصل نمره ١١ و١٢ و١٤ و١٣ و١٦ محتوية على أرض بيضه وشجر مختلف وخربة مراح وأربع آبار لجمع المياه الشتوية يحدها قبلة مجرى ماء شتوي معروف بنهر بعاصير وشرقاً مجرى ماء شتوي وتمامه مزرعة الرزانية ملك أولاد نادر وأولاد راشد البستاني وشمالاً طريق عام ينزل من الرزانية إلى قبلة بير السنديانة الخارج عن المبيع وغرباً سنسال يمتد من مساوات لذاق كرم التينة ملك البايع إلى القبل على خط مستقيم تقريباً حتى نهر بعاصير بجميع رسوم هذا المبيع وحقوقه وطرقه وطرايقه ومنافعه ومشتملاته وبكلما يعرف به ويعزى إليه شرعاً بثمن قدره عن الستة قراريط المحررة سبعة آلاف وخمسماية غرش ٧٥٠٠ قبضه تماماً من يد المشتري المذكور ليد البايع المومى إليه الذي أقر بأنه لم يبق له حق أو دعوى لا بالثمن ولا بالمبيع المحررين بيعاً وشراء صحيحين باتين بإيجاب وقبول وتسلم قراريط المذكورة بشراكة البايع بستة قراريط وبشركة فارس قزما في الإثني عشر قيراط الباقية ملكاً خالصاً للمشتري المذكور يتصرف به كيف شاء وأراد وللبيان تحرر هذا الصك في ٢٠ شباط ٩١ واحد وتسعون – توقيع سليم عمون.

إنه بمقتضى وكالتي المسجلة تحت نمرو ٣٤ المسجلة عن جانب سليم أفندي عمون المار ذكره أصادق على كلما تضمنه هذا الصك تحريراً / في ٢٠ شباط ٩١

# (نصّ الوثيقة رقم ٥)[4]
# (الصفحة ٢)

تصادقا / ٢٨ مارس ٣٠٨

٢٨ مارس ٣٠٨ حضر المحكمة المتبايعان وتصادقا على مضمونه بين البايع والشاري والثمن وقدره سبعة ألف وخمسماية قرش مصادقة صحيحة شرعية وللبيان سجل في محكمة قضاء الشوف وفقاً للنظام العلي

توقيع رئيس المحكمة

٤ تثبت هذه الوثيقة شراء بعض الأراضي من قبل حبيب داغر في ضهر المغارة ويعود تاريخها إلى ٢٠ شباط ١٨٩١.

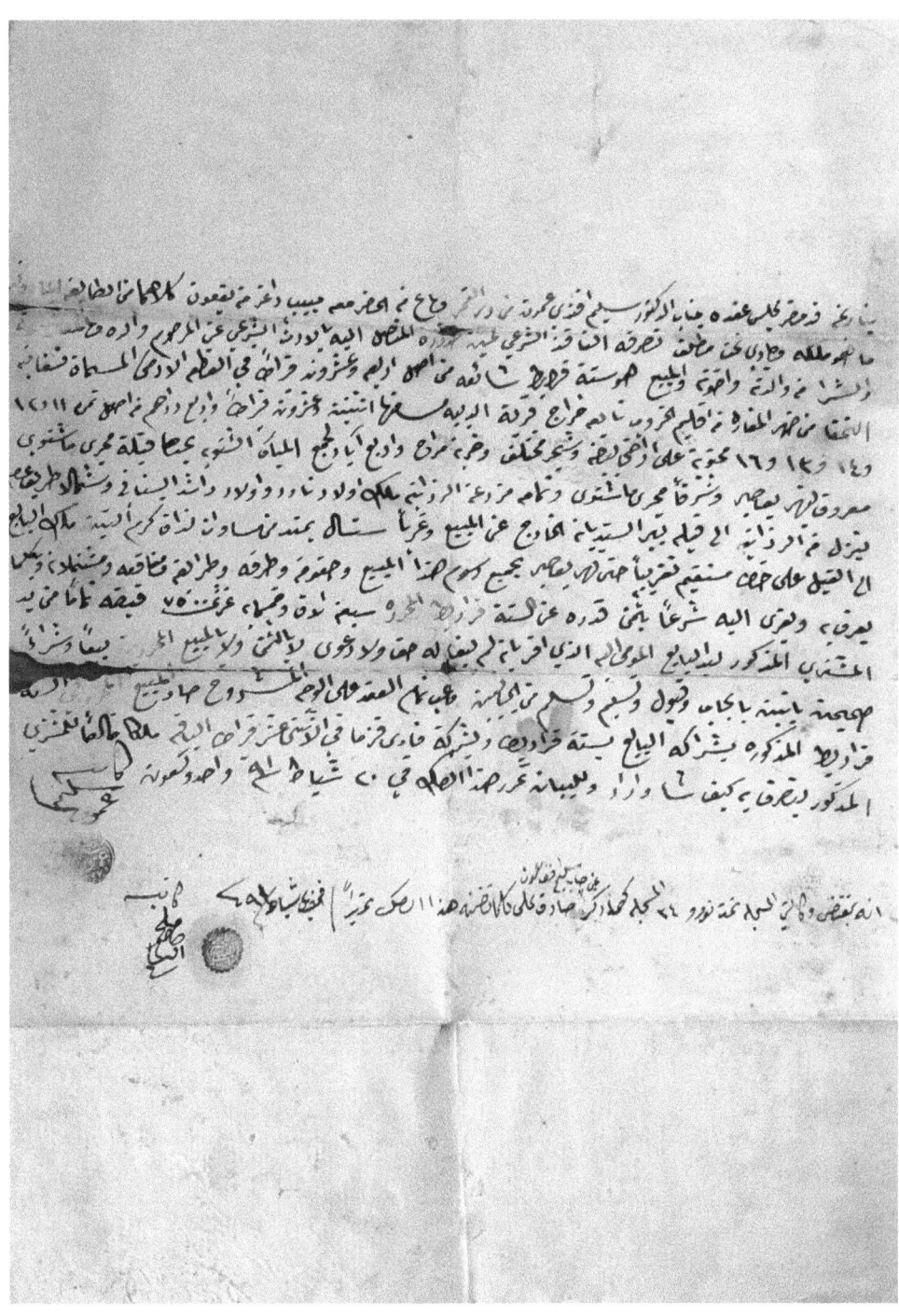

(الوثيقة رقم ٥، صفحة ١)

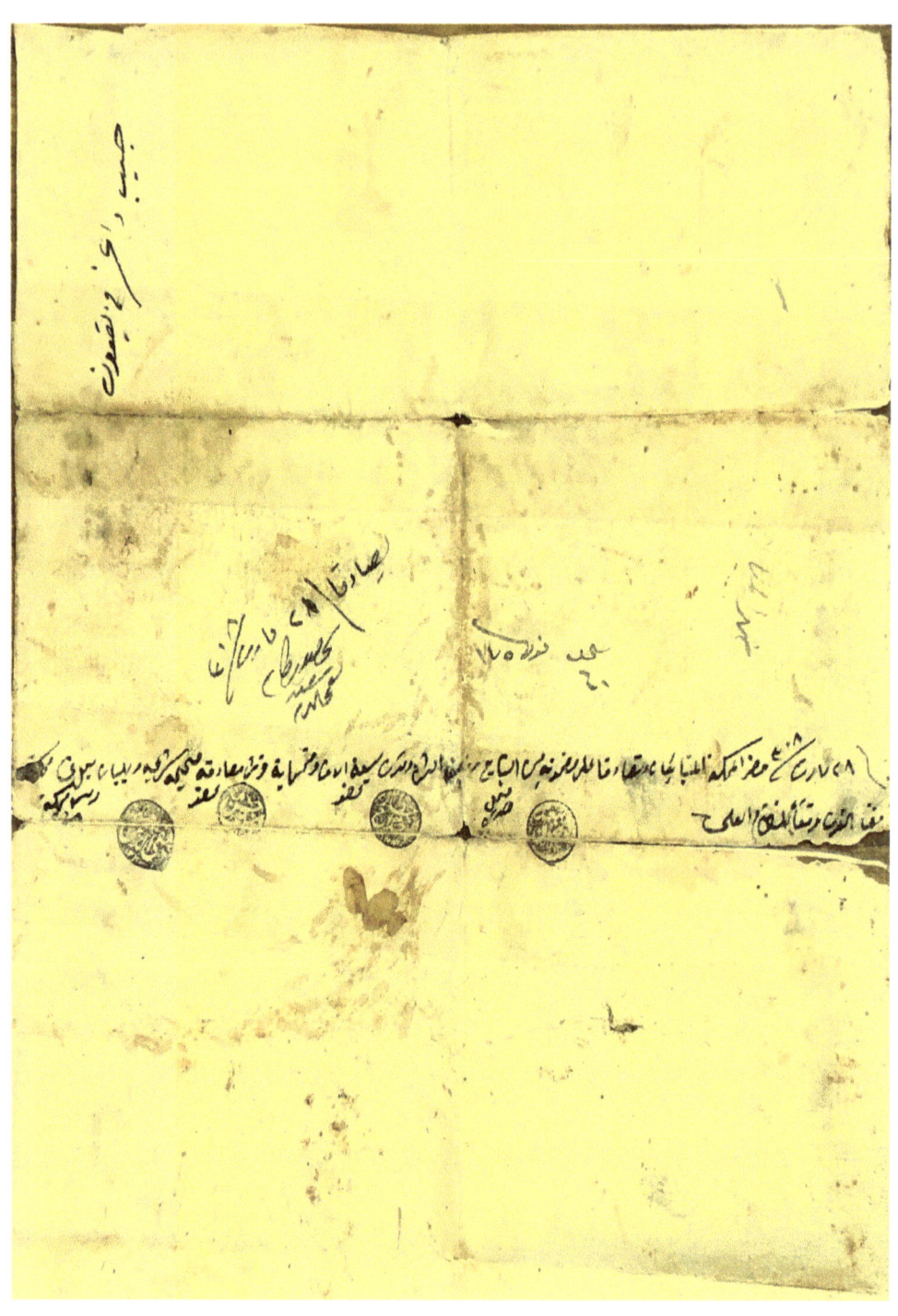

(الوثيقة رقم ٥، صفحة ٢)

# إقتسامُ الأراضي

بعدما آلت أملاك "ضهر المغارة" إلى شبلي داغر وبعض منها إلى شقيقه وصهره، وبعد أن طعن شبلي في السن، ورأى أنّه لا بدّ من توزيع أرزاقه على أولاده وهو حيّ يرزق، لتكون القسمة عادلة في ما بينهم.

فقسّمها حصصاً متعادلة آخذاً بالاعتبار كيلها وما تتطلّب كلّ منها من بذار؛ تاركاً لنفسه الأراضي المحيطة بالبيوت والبيادر.

ثمّ أخذ أولاده وزوجته حنّة وتوّجهوا جميعاً إلى "دير القمر" مشياً على الأقدام، حتى يسجّل الأملاك أمام القاضي هناك. ولّما مثلوا أمامه لهذا الأمر قال شبلي للقاضي: "لقد قسّمت أرزاقي على أولادي هؤلاء واخترت طريقة القرعة ليختار أمامك كلّ ولد الحصّة التي تناسبه".

أُعجِب القاضي بهذه الطريقة التي تتمّ بحضوره. فأخذ كلّ ولد يسحب حصّته بحضور أعضاء المحكمة، فتُسجّل له، إلى أن أتوا عليها كلّها دون أي اعتراض أو تذمّر. فنالوا بذلك تهنئة القاضي الذي سأل حنّة أخيراً وقد كانت قصيرة القامة وجالسة بين أولادها دون أن تنبس ببنت شفة: "مَن يكون هؤلاء الشبّان يا سيّدتي؟"

فأجابته: "إنّهم أولادي".

عندها نزل القاضي عن قوسه متجهاً نحوها ورفع رأسها إلى فوق وقال: "مَن له مقصبة شباب كهؤلاء يحقّ له أن يرفع بهم رأسه".

ثمّ عاد الجميع من حيث أتوا، والأبناء يشكرون والدَيهم على صنيعهما وعلى ما بذلاه في سبيلهم طالبين لهما العمر المديد.

وبعد وفاة شبلي جرت القسمة بين الورثة على ما تبقّى من الأراضي التي كان قد اشتراها لاحقاً بالإضافة إلى ما كان لا يزال باسمه وكان ذلك بتاريخ ٨ آب ١٩١٣م حسبما جاء في وثيقة القسمة حيث نورد نسخة عنها في هذا الكتاب مع ترجمتها كمستند ثبوتيّ.

وهذه الوثيقة تثبت عيلة شبلي كما تُثبت وفاة ابنه بشاره قبله"، وبذا لم يرد توقيع بشاره بين تواقيع إخوته.

# (نصّ الوثيقة رقم ٦)[٥]

١٥

٣٢١ و١٥ أغسطوس ٣٢٩

تصادقوا بعد التعريف وإمضاء كل منهم ووقع بإذنه

عضو عضو رئيس

بتاريخه حضر مجلس عقده كنعان وجرجس وملحم وأسعد ومسعود وإبراهيم ونعمه وفريدة وسعيدة أولاد شبلي داغر ووالدتهم حنة من ضهر المغارة وجرت القسمة فيما بينهم على العقار الآتي بيانه بخراج الدبيّة. فالذي خرج بنصيب كنعان الفريق الأول قطعة أرض توت في مقاصل الزنزلخت باللزاق من نومرو ١ و٢ و٣ ومن ٤ و٥ درهم ١ يحدّها قبلة طريق [ممزّقة] كذلك شمالاً طريق غرباً جرجس شبلي الفريق الثاني الفاصل رسم صليب بصخر معروف وتشتمل على جلين ونصف ويتبع حصة كنعان المحرر قطعة أرض في محلة خلة الزعرورة سليخ ومختلفه من النومرو المحررة يحدّها قبلة بيادر الفاصل رسم صلبان شرقاً الجبانة وشمالاً حصة إبراهيم المحرر الفاصل رسم صلبان وشمالاً حصة جرجس الفاصل رسم صلبان وغرباً طريق ويتبع حصته قطعة أرض سليخ بالمحل المحرر من النومرو المسطرة يحدها قبلة حصة أسعد الفاصل سلسال شرقاً حصة نعمه المحرر الفاصل حائط شمالاً جرجس المرقوم الفاصل رسم صلبان غرباً المشاع الخاص بالبيادر والذي خرج بحصة جرجس الفريق الثاني قطعة أرض توت من النومرو المحررة

---

٥ تثبت هذه الوثيقة قسمة الأراضي بعد وفاة شبلي داغر.

في مقاصل الزنزلخت يحدها قبلة طريق شرقاً كنعان المحرر الفاصل كرم شمالاً طريق غرباً إبراهيم المحرر الفاصل حائط ويتبعه قطعة أرض في خلّة الزعرورة سليخ ومختلفه من النومرو المرقومة يحدها قبلة كنعان وإبراهيم الفاصل رسم صلبان شرقاً حصة إبراهيم الفاصل رسم صلبان غرباً طريق وشمالاً [ممزّقة] المحرر الفاصل رسم صلبان وقطعة بيدر في المحل المحرر من النومرو المرقومة يحدها قبلة كنعان المسطر كرم شرقاً حصة إبراهيم الفاصل كرم غرباً مشاع البيادر شمالاً ملحم شبلي الفاصل رسم صلبان والذي خرج بحصة ملحم المحرر [ممزّقة] قطعة أرض في خلة الزعرورة سليخ ومختلفه من النومرو المحررة يحدها قبلة طريق شرقاً طريق وشمالاً حصة مسعود الفاصل رسم صلبان شمالاً طريق غرباً كذلك ويتبعه قطعة أرض في الزنزلختة وتوت ومختلفة من النومرو المحررة شمالاً [غير واضحة] طريق شرقاً حصة أسعد الفاصل حائط شمالاً حصة ملحم شبلي الفاصل غرباً سلسال وقطعة البيدر المحل المحرر من النومرو المسطرة يحدها قبلة حصة جرجس الفاصل رصيف شرقاً حصة إبراهيم الفاصل رسم صلبان شمالاً أسعد شبلي [ممزّقة] كذلك غرباً مشاع البيادر والذي خص أسعد المحرر الفريق الرابع قطعة أرض في خلة الزعرورة من النومرو المحررة سليخ ومختلفه ويحدها قبلة حصة مسعود الفاصل رسم صلبان شرقاً طريق شمالاً كذلك وتمام الشرق حصة نعمه الفاصل رسم صلبان غرباً حصة مسعود الفاصل رسم صلبان وقطعة في الزنزلخت توت ومختلفه من النومرو المحررة يحدها قبلة طريق شرقاً حصة إبراهيم الفاصل سلسال وشمالاً حصة ملحم الفاصل سلسال غرباً كذلك وقطعة بيدر في المحل المحرر يحدها قبلة حصة ملحم الفاصل رسم صلبان شرقاً حصة إبراهيم الفاصل رصيف شمالاً كنعان شبلي الفاصل كرم غرباً مشاع البيادر والذي خرج بنصيب مسعود المحرر الفريق الخامس قطعة أرض في خلة الزعرورة سليخ ومختلفه من النومرو المحررة يحدها قبلة طريق شرقاً حصة أسعد الفاصل كرم شمالاً طريق غرباً حصة ملحم الفاصل كرم وقطعة في الزنزلخت

توت من النومرو المحررة يحدها قبلة طريق شرقاً نعمه المحرر الفاصل رسم صلبان شمالاً ملحم المسطر الفاصل سلسال غرباً إبراهيم المرقوم الفاصل حائط وقطعة أرض بيدر بالمحل المحرر يحدها قبلة كنعان المحرر الفاصل كرم شرقاً المشاع وتمامه حصة كنعان الفاصل كرم شمالاً كذلك الفاصل كرم غرباً طريق والذي خرج بنصيب الفريق السادس إبراهيم المحرر قطعة أرض في خلة الزعرورة من النومرو المحررة سليخ ومختلفه يحدها قبلة حصة جرجس المحرر الفاصل كرم وطريق شرقاً نجم الزيتونية شمالاً كنعان المحرر الفاصل كرم وتمامه طريق غرباً نعمه وجرجس وكنعان المحررين الفاصل رسم صلبان والبيادر وقطعة أرض في الزنزلختة من النومرو المحررة توت يحدها قبلة طريق شرقاً مسعود المحرر الفاصل كرم شمالاً ملحم المحرر الفاصل كرم غرباً أسعد المحرر الفاصل كرم وقطعة أيضاً في المحل المحرر كرم شمالاً طريق غرباً نعمه المرقوم الفاصل حائط شمالاً مسعود المرقوم الفاصل كرم غرباً طريق والذي خصّ الفريق السابع نعمه المرقوم قطعة أرض في خلة الزعرورة سليخ ومختلفه من النومرو المحررة الفاصل شمالاً إبراهيم المرقوم الفاصل كما مرّ شمالاً طريق وغرباً أسعد المحرر والفاصل كرم وقطعة أرض في الزنزلخت توت من النومرو المرقومة يحدها قبلة طريق شرقاً إبراهيم المحرر الفاصل كرم شمالاً طريق غرباً مسعود المحرر الفاصل كرم وقطعة بيدر من النومرو المرقومة يحدها قبلة طريق شرقاً مشاع البيادر شمالاً [ممزّقة] غرباً طريق وقطعة أرض توت ومختلفه في خلة الزمزريقة من النومرو المحررة يحدها قبلة يوسف بشاره شرقاً كذلك شمالاً مسعود المحرر الفاصل كرم غرباً فارس [غير واضحة] وشمالاً مارون نسيما ويتبع حصة ملحم المحرر قطعة أرض في خندق الزعرورة سليخ ومختلفه من النومرو المحررة يحدها قبلة طريق وأسعد المحرر الفاصل كما مرّ شرقاً ملك خاص لملحم شبلي شمالاً مسعود المحرر الفاصل كما مر وتمامه إبراهيم شبلي غرباً نعمه المحرر الفاصل كما مر والذي خص أسعد وملحم المحررين أيضاً قبو للجهة الشمالية مع

داره بالمحل المحرر يحد ذلك قبلة مسعود شبلي الفاصل حائط القبو شرقاً حائط أيضاً شمالاً كنعان المحرر الفاصل حائط غرباً كذلك والذي يتبع حصة الفريق مسعود المحرر قبو للجهة القبلة وهو واقع وسط أقبية بالمحل المحرر يحد ذلك قبلة إبراهيم المحرر الفاصل كرم حائط شرقاً حائط شمالاً أسعد وملحم المحررين الفاصل حيطان غرباً كنعان شبلي الفاصل حائط والذي خرج بنصيب فريدة وسعيدة المحررتين قد صار ضمه إلى حصة إبراهيم الذي عوضهما بدلاً عن ذلك أربعة آلاف قرش قبضتاها منه نقداً ذهب وفضة والذي خرج بحصة حنة المحررة قطعة أرض في نقبة التينة مختلف وزيتون وتوت من نومرو ٦ ق ٢ يحدها قبلة ملحم شبلي الفاصل كما مر شرقاً أسعد شبلي الفاصل كرم شمالاً إبراهيم شمالاً الفاصل كرم غرباً ملحم شبلي الفاصل كرم ويتبع حصتها الانتفاع بسكناها في العلية القائمة البناء مع دارها والمكان في الدار عريشة [غير واضحة] حديثة في المزرعة والمحررة وذاك عن مدة ثلاثين سنة من تاريخه وإنّ تلك العليّة هي باقية ملكاً مشاعاً بين أولادها المحررين ذلك قبلة حائط شرقاً شمالاً طريق غرباً فسحة المزرعة بجميع حقوق ومشتملات كل حصة لوحدها قسمة عادلة جرت بالرضا وتسلم كل فريق حصته دون مانع وقد أقر كل منهم باستبقاء حصته وأسقط عن إبراهيم شبلي المرقوم جميعهم كل الأثاث المتروك عن المرحوم والدهم [غير واضحة] فيهم وقبل الأسعاف منهم لم يبق لأحد [غير واضحة] الآخر حق أو دعوى

تحررت هذه القسمة نسختين تحريراً / ٨ آب ١٩١٣

| | | | |
|---|---|---|---|
| الورثة | الورثة | الورثة | الورثة |
| حنة أرملة<br>شبلي داغر | سعيدة شبلي داغر | فريدة شبلي داغر | نعمه شبلي داغر |
| الورثة | الورثة | الورثة | الورثة |
| إبراهيم شبلي داغر | مسعود شبلي داغر | أسعد شبلي داغر | ملحم شبلي داغر |
| الورثة | الورثة | | |
| جرجس شبلي داغر | كنعان شبلي داغر | | |

شهود الحال

يوسف فارس الحداري        حسيب الشدياق نعمه

عدد

٤٨١

عشرون قرش استوفي        ٥ أغسطوس ٣٢٩        عن المديرية

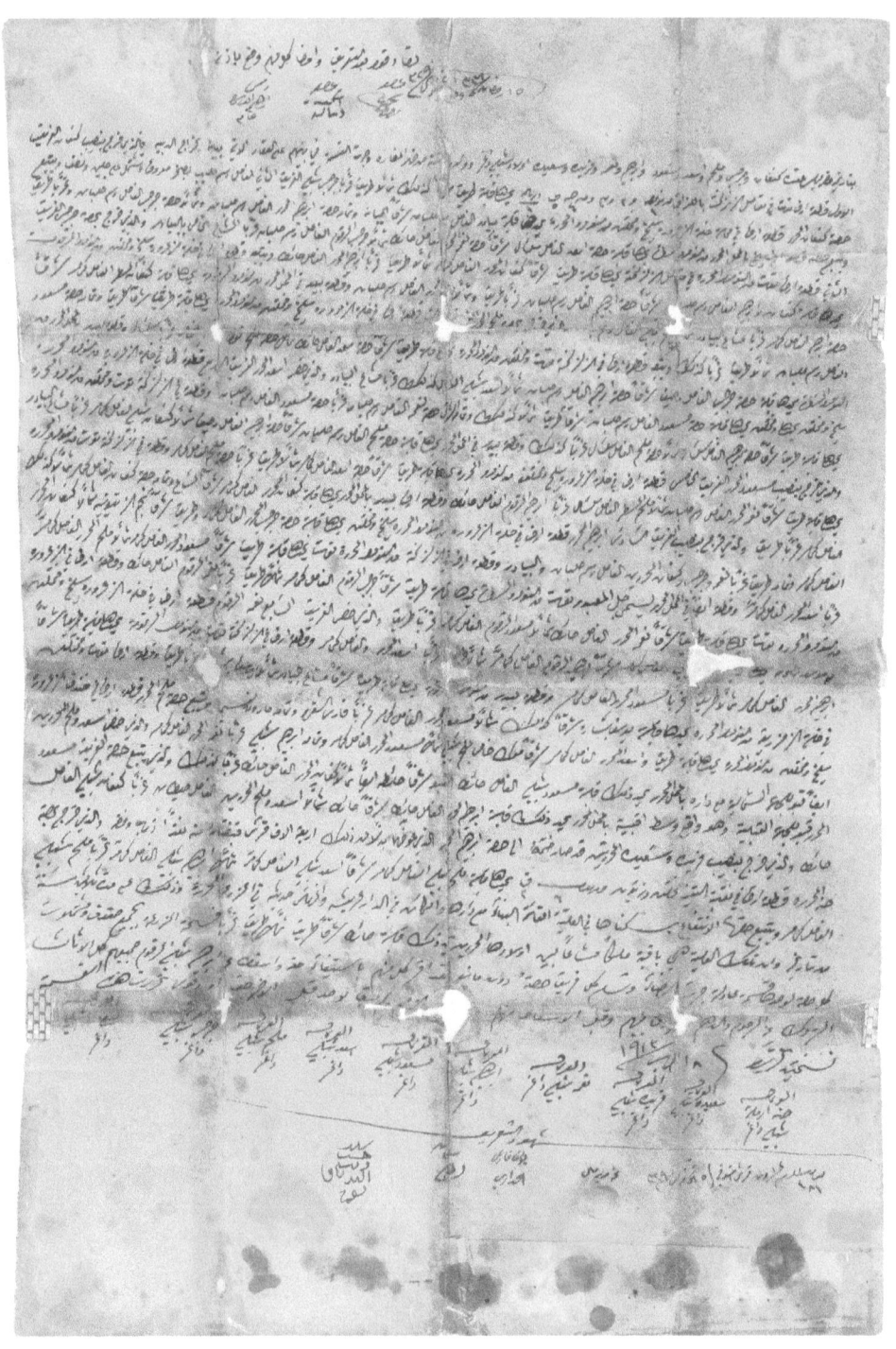

(الوثيقة رقم ٦، صفحة ١)

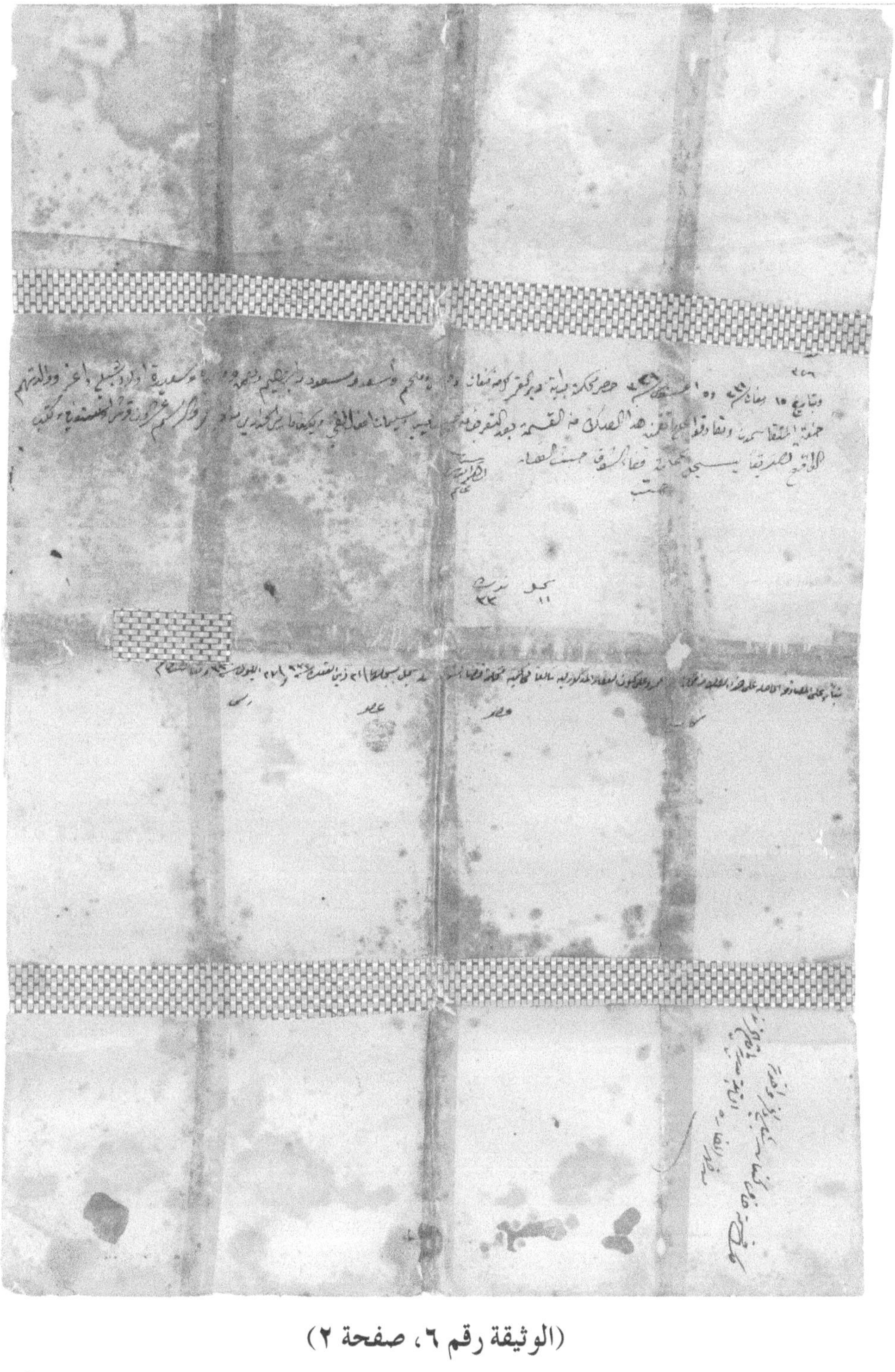

(الوثيقة رقم ٦، صفحة ٢)

# إيمانُ شِبلي داغر

"آمِنْ بالحجرِ تبرأ". فمذ وُجد الإنسان على هذه البسيطة وهو دائماً يتطلّع إلى قوى خارجيّة غامضة لا يعرف كُنهها، فيؤلّهها ويعبدها خوفاً أو اقتناعاً.

والعبادة إضافة إلى النطق والتفكير والوجدان أمور قد اختصّ بها الإنسان دون غيره من سائر المخلوقات. فعبد الشمس والقمر، والكواكب والنجوم، كما عبد النار والحيوانات، وأقام الأصنام وسجد لها وقدّم أمامها القرابين. وتعرّف بعضهم إلى الله، خالق السماوات والأرض، الذي به كان كلّ شيء. فتدرّج الإنسان في معرفة خالقه تدرّج الطفل في التعرّف إلى أبويه، إلى أن صار يفلسف الوجود والخليقة، ويطلب علم المنطق، ويبحث في الماورائيّات، فضاع أحياناً في ترّهات فلسفته وشكّك أو كفر بمعتقداته، وأصبح يطلب تفسيراً حسيًّا لكلّ ما حدث ويحدث أمامه من عجائب الكون وسائر المخلوقات. وأنّى له أن يعرف سرّ الكون أو أن يعاين الله في إنسان عينه؟

والسرّ قد أُغلق على جميع خلق الله ولن تُكشف حقيقته إلاّ بالإيمان والرجاء والمحبّة.

فشبلي داغر لم يكن ذاك الفيلسوف الذي يبحث في كتب الفلسفة والمنطق عن السببيّة، والتلازم الضروريّ بين الأسباب والمسبّبات، وارتباط العلّة بالمعلول، أو يطلب علم الماورائيات ليرى ربّه ويعبده، بل كان ربّه في قلبه، وفي ذاته وروحه، يحمله أينما رحل ويراه أينما حلّ.

ألم يقل الربّ لتوما: "لأنّك رأيتني يا توما آمنت، طوبى للذين آمنوا و لم يروا". فقد كان شبلي ذاك الفلاح اللبنانيّ الساذج الذي ورث عن أبويه اعتناقه للدين المسيحيّ وللعقيدة المارونيّة الراسخة. فكان إيمانه صلباً، ومحبّته صادقة، ورجاؤه واثقاً. وببساطة متناهية خالية من العجرفة والادّعاء، كان يعبد ربّه ويخاطبه مخاطبة

الابن لأبيه. ألم يعلّمنا الربّ أن نصلّي قائلين: "أبانا الذي في السماوات..."؟

وقد كان، كلّما فتح باب البيت عند انبلاج الفجر ليطلّ إلى النور ويستقبل النهار الجديد، كان يقول بصوتٍ عالٍ يصدر من الأعماق تضرّعات صريحة: "يا ربّ! يا فتّاح، يا رزاق، يا مقسّم الخيرات والأرزاق، إرحمنا وأبعد عنّا يا ربّ الضربات والمصائب وأولاد الحرام، وارزقنا نعمتك يا حنون يا رحوم يا محبّ البشر". وإذ يأخذ بكفّه الحفنة الأولى من البذار لينثرها في حقله قبل دفنها في التراب كان يقول: "هذه بركة، فبارِك يا ربّ".

هكذا عاش شبلي داغر إيمانه الحيّ وكذا بعده بنوه الذين حافظوا على معتقداتهم الموروثة رغم التجارب والصعاب.

وقد أخبرني الأستاذ صبحي جورج داغر، نقلاً عن جدّه إبراهيم بن شبلي، أمراً مهمًّا عن جدّنا شبلي نورده لغرابته ولِما به من الإيمان الفطريّ البسيط:

لمّا لم يكن آنذاك في "ضهر المغارة" كنيسة وكاهن لإقامة وإتمام الواجبات الدينيّة للمؤمنين، وإذ كانت وسائل المواصلات صعبة وتحول دون الوصول بسهولة إلى كاهن لإتمام سرّ الاعتراف، كان شبلي وببساطة وقداسة، وسذاجة إيمانه الحيّ، وعندما كان يعود إلى ضميره يحاسبه على هفواته ويعترف لله بخطاياه، كان يسجد على ركبتيه قرب محدلة مطروحة على زاوية سطح القبو قرب العليّة، ويعترف بخطاياه هناك، وكأنّه يتّخذ من المحدلة هيكل عبادة وكرسيّ اعتراف، لينفرد بربّه هناك، طالباً منه التوبة والغفران.

فلنتصوّر هذا الإيمان الحارّ وهذه العلاقة الطيّبة أو "الخوشبوشيّة" بينه وبين ربّه والتي تذكّرنا بالمثل السائر: "آمِنْ بالحجر تبرأ".

# وفاته

تُرجّح ولادة شبلي كما ذكرت في الفترة ما بين سنتي ١٨٤٠ و١٨٤٥م في بلدة "بقعون" من خراج "الدبيّة". ولما جاء "ضهر المغارة" كان قد شارف على الأربعين من عمره تقريباً. وفي "ضهر المغارة" عمل ما تبقّى له من سني عمره حتى امتلك تلك البلدة مع أخيه. ولم يهدأ سعيه الدؤوب إلى أن توفّاه الله حوالي سنة ١٩١٣م. أمّا سبب الوفاة فهي الحياة كما يقال. ولكلّ عمر نهاية. وقد ذكر لي ابنه نعمه أنّ آلاماً مبرّحة في البطن قد ألّمت به، وما برحت أن مزّقت أحشاءه وأنزفت دمه، وكانت تُعرف آنذاك بـ "ريح السداد"، وربّما ما يُعرف اليوم بالقرحة.

وكان قبل موته بعدّة سنوات قد أُصيب بمرض الكزاز، لم يلبث أن شُفي منه. وسنأتي على ذكر هذا بالتفصيل فيما بعد.

وقد دُفن شبلي في التراب في ظلّ شجرة وارفة من الخرنوب منبسطة الأغصان، ما تزال قائمة حتى اليوم، وقد آلت إلى ابنه إبراهيم وأولاده.

وفي سنة ١٩٥٠م، وبعد أن أقام أهل البلدة مقبرة قرب الكنيسة، نبشوا قبور آبائهم وأجدادهم في ظلّ تلك الشجرة المعمّرة. ولمّا عثروا على رفات أحدهم، وكان كناية عن جمجمة ضخمة وساقين طويلتين غليظتين، انبرى نعمه ليقول: "إنّها حقًّا لوالدي، وهذه جمجمته". وقد كنت حاضراً شخصياً في تلك اللحظة.

ونُقل يومذاك جميع رفات هؤلاء الأجداد الميامين إلى المقبرة المُشادة باحتفال دينيّ وشعبيّ مهيب اشترك فيه أهل البلدة والجوار.

وهكذا طُويت صفحة ذلك البطل الذي انتزع لقمته من فتات الصخور ليغمسها بعرق الجبين ونجيع القلب، والذي جعل من حياته قدوة في الشجاعة، والرجولة،

والمناقبيّة الحميدة، وبناء الضياع الواسعة على هذه الأرض، دون أن ينسى يوماً ديار الآخرة.

مات شبلي داغر وفي قلبه حبّ الأرض، وعيناه لم تشبعا من مناظر الألوان المتبدّلة عليها، ولا أذنه من سماع نداءاتها وأصواتها، ولا اكتفى جبينه من إرواء غليل ترابها. وسيبقى شبلي داغر ذاك الجنديّ المجهول الذي تُكرّمه الأحفاد وتقتفي أثره في البذل والتضحية والوفاء.

# فصولٌ مِن حياتِه

لم يتمّ ما تحقّق على يد شبلي داغر، ذلك المزارع الفقير الذي لم تملك يداه ثمن وجبة طعام إلاّ بفضل الطموح، تلك الغريزة المثلى التي حقّقت له امتلاك ضيعة بكاملها، بأرضها وبيوتها، بأقبيتها وبيادرها، وبكلّ ما حوت من حقول وبساتين؟

حقًّا لقد كان من الأبطال المجهولين الذين خاضوا الحروب، وماتوا في سبيل أن يحيا الآخرون. إذ ليس البطل من اشتدّ ساعداه وعرض منكباه وطال شارباه، بل من اتّصف بقوّة العقل، وبعد النظر، والحزم في تحقيق الأهداف دون كلل. وقد كان شبلي ذاك الرجل الذي جمع المجد من طرفيه. فقد حباه الله فكراً صائباً، ومروءة قلّ مثيلها وقوّة جسديّة كانت فريدةً بين معاصريه، حتى أنّ وحوش الغاب هابته فروّضها.

وتأكيداً لما بيّنته من سيرة الرجل، رأيت أن أقدّم للقارئ الكريم بعض ما وردني وما سمعت عن أعماله الخارقة على أن تكون فصولاً من حياته وهي، عزيزي القارئ، على ذمّة مَن عاصرتهم من أبنائه، وممّن قد عرفه وشهد له بالعزم والشجاعة النادرَين، حتى بدت لنا سيرته شبه أسطورة أين منها سيرة عنترة ومغامراته الشيّقة. فتلك كان دافعها امتلاك الحبيبة وهذه دافعها امتلاك الأرض والإنسان، وشتّان ما بين الدافعَين.

وهنا أستطيع القول بأن لا مبالغة في سيرة شبلي كما في قصّة عنترة، لأنّنا لو تعمّقنا في انفعالات الإنسان ودوافعه، وما فيها من مخزون صراعيّ في سبيل البقاء والاستمرار لتحقيق حياة أفضل، لتبدّدت شكوكنا ممّا قد يعتري بعض سيرة ذلك الشبل من مبالغة.

# العَنْزُ "قشُّوعَة"

ذات يوم، كان شبلي يرعى قطيعه في "الدلهميّة". وكانت "الدلهميّة" كما سبق وذكرت مغطّاة ببعض الأحراج الوعرة، ولا يسلك فيها حتى جنس المَعْز التي يُنسب إليها استدانة سبع شعرات من إبليس.

وكان بين القطيع عَنْزٌ أطلق عليها شبلي اسم "قشُّوعة" وكانت عزيزة عليه. فيخصّها دون غيرها من سائر القطيع ببعض المأكولات والحشائش الطازجة، ويشملها بعناية مميّزة. ولا يشرب إلاّ من حليبها الطازج.

في ذاك اليوم، وكان حارًّا جدًّا، استلقى شبلي يستفيء ظلَّ شجرة وارفة، وعيناه على قطيعه الذي يهنأ أمامه بالرعي والحريّة.

ولمّا بدت النسيمات عليلة تلفح وجهه الأسمر، غلب عليه النعاس، فاتّكأ إلى جذع الشجرة وغطّ في نوم خفيف بعض الأويقات، شعر خلالها بفترة من السعادة لذيذة.

وفجأة تنبّه وألقى نظرة على القطيع، فرآه قد تشتّت هنا وهناك، وكأنّ شيئاً قد انقضّ عليه فدبّ فيه الذعر والخوف. تناول عصاه من على كتفه، وهي لم تفارقه يوماً، ووقف حالاً يستطلع الأمر. فرأى، على قرب منه، نمراً ضارياً يقتنص "قشُّوعة" ويمتصّ دمها، فتنتفخ المسكينة وتهبط تحت أنفاسه المسمومة.

وما هي إلاّ لحظات يسيرة حتى كان شبلي يتسلّل ويرفع عصاه على ذاك الوحش الغادر ليعالجه بها. وكأنّ هذا قد أحسّ بالويل المتأتّي إليه فهبّ فاراً كلمح البصر تاركاً فريسته أرضاً. لكنّ عصا شبلي لم تكن لتخطئه. فقد أصابت مؤخرته وأسرع النمر يجرّ أذياله المتراخية، وشبلي يلحق به ليعطيه درساً آخر من دروسه المعهودة، والتي لا تُمحى من الذاكرة، إلى أن توغّل النمر داخل كهف صغير سُدّت فوهته

بعلّيقة وقصعينة كبيرتين. فلم يجروْ شبلي على اقتحام العرين وهو الذي يعرف الكثير عن غدر النمر الجريح. فصرخ به من الخارج مهدّداً متوعّداً وبصوتٍ ردّدته الأودية هناك، والنمر في الداخل يزأر ويعوي متحيّناً الفرصة للوثوب أو الهروب.

وما إن سمع المزارعون هناك صوت شبلي وتهديداته، وكانوا على البيادر يقومون بأعمال الدراسة أو التذرية، حتى بادره أحدهم وناداه قائلاً: "ما بكَ يا أبا كنعان؟ أتريد مساعدة ما؟".

وما إن التفت شبلي إلى ناحية البيادر حيث مصدر الصوت ليقول لا، حتى أحسّ بالنمر، وقد اغتنم تلك الفرصة السانحة، قد وثب من فوق العلّيقة كطائر هارب من رصاص القنّاص، فعالجه شبلي بضربة أخرى من عصاه كانت أقسى من شقيقتها. لكنّ النمر تمالك وجعه وجرّ مؤخّرته، وولّى هارباً وشبلي يتعقّبه مهدّداً إلى أن وصلا إلى شير صخريّ كبير ينتهي بمنحدر عاموديّ نحو نهر "الدامور" في الأسفل، ويُعرف بـ"شير اللاهبيّة"، فلم يكن للنمر خلاص من الويل الجارف وراءه إلاّ أن يرمي بنفسه من أعلى المنحدر علّه ينجو. وما العمل؟ فالعدوّ وراءه والهوّة السحيقة أمامه وليس له إلاّ تجربة حظّه المنكود.

وهكذا كان. فتدحرج النمر من على هذا المنحدر إلى أن استقرّ في الأسفل على صخرة إلى ضفّة النهر دون حراك أو حياة. فانتقم شبلي بذلك لـ "قشّوعة"، كما انتقم للغدر المتمثّل بتلك الوحوش الضارية.

# أجراس المَعْز

لكلّ قطيع كرّازه التيس، ولكلّ كرّاز جرس ونواقيس تُعلّق في رقبته فتطنّ وترنّ، ويختال بين بنات جنسه متباهياً برنينها وحركاتها كما يتباهى الملك بتاجه أو صولجانه. فتنقاد إليه المَعْز مختارة، وترعى حوله مستأنسة بالرعاية والحماية.

وصدف أن التقى ذات يوم أحد الرعيان شبلي داغر في محلّة "خلّة الشمّيس" في "ضهر المغارة" وشكا إليه الوحوش المتسلّطة على قطيعه حيث تفترس منه يوميًّا عدّة رؤوس. أمّا الكلاب فلم تستطع يوماً أن تردّ عنه الحيف أو تمنع الضيم.

فقال له شبلي: "ما عليك يا أخي! خذ هذا الجرس من على عنق كرّازي، ولن ترى النمر بعد الآن يقترب من قطيعك".

فتبادل الراعيان أجراس قطيعيهما، وجلسا يتسامران ويتحدّثان في ظلّ شجرة هناك، والقطيعان سعيدان بقضم الأعشاب النديّة الطازجة، أو بتسلّق جذوع شجيرات السنديان، واغتصاب الأغصان الطريّة العود.

وحدث فجأة ما لم يكن في الحسبان. إذ وقف ذاك الراعي ليلقي نظره على القطيع المنتشر أمامه على المنبسط الفسيح، فرأى نمراً يهمّ بافتراس شاة له حلوب؛ فصرخ بشبلي قائلاً: "ويحك يا أبا كنعان! هوذا النمر يفترس العَنْزَ الفلانيّة! أرجوك أن تعمل شيئاً".

فقال له شبلي ببرودته المعهودة: "دعه وشأنه. فلطالما طلبتُ منك أن تبيعني خمساً منها فرفضتَ، وهذه واحدة قد راحت طعاماً رخيصاً للنمر".

فقال: "ها قد وقعت فريسة له!".

فقال له شبلي إذ ذاك: "أصرخ به فيهرب".

فما كان من الراعي إلاّ وصاح بالنمر بصوت كاد ألاّ يُسمع لشدّة ذعره. وإذ سمع النمر صوت ذاك الراعي وقد شابه الرعب والهلع، ترك فريسته ورفع ذيله عالياً، وأسرع صعداً باتّجاه الراعي.

أخذ هذا يولول ويقفز خوفاً وهولاً، ملتمساً من شبلي التدخّل السريع لمنع الكارثة المرتقبة. فقال له شبلي حينذاك: "وهل تبيعني الأربع الباقية منها؟". فردّ المسكين: "كلّها لك".

عندها وقف شبلي مكانه آخذاً عصاه وصاح بالنمر قائلاً: "لقد أخطأت هذه المرّة يا "أبا فارس"، ألم تسمع الجرس؟". وفي الحال انكفأ النمر على نفسه وولّى هارباً إلى أن توارى عنهما في وادي "بعاصير".

# خيبةُ ضَبع

ذات يوم أصاب عطل ما جرس الكرّاز عند شبلي داغر. فنزعه من على عنق ذاك الفحل المتعجرف ليصلحه. ثم أهمله لانشغاله في أمور أخرى. وها هو في اليوم التالي يسرّح القطيع، والكرّاز قد نُزعت عنه إمارات المهابة والإجلال، وبات كسائر أفراد القطيع مغلوباً على أمره، متأسّفاً على إهمال سيّده في إصلاح شأن الجرس لاستعادة وقاره واحترامه بين أبناء جنسه. وقد أحسّ شبلي بخطأ الإهمال الذي ارتكبه عن غير قصد. فقد يتعرّض وقطيعه لغزو الوحوش الضارية. فهي تعرف جرس قطيعه تماماً وتميّزه عن سائر الأجراس. فلا تقترب منه إذ أنّ بعضها قد تعلّم على يد ذاك الراعي الصنديد دروساً عديدة لا تُنسى. لكنّه وقد نسي آنذاك إصلاح الجرس آلَ على نفسه أن يهتمّ بأمره حالاً عند عودته في المساء.

ولّما كان القطيع يومذاك يرعى في إحدى المنحدرات الوعرة قرب "نهر بعاصير"، لاحظ شبلي أنّ إحدى العِناز قد فُقِدت ولا أثر لها. فهي لا محالة قد وقعت فريسة لإحدى الضباع، و"مغارة الضبع" في المنحدر المقابل يعرفها جيداً وهي على قاب قوسين منه. وللحال وضع عصاه على كتفه، وراح يتسلّل بين الصخور والأدغال إلى أن بلغ باب المغارة. فلم يتوانَ في عبور مدخلها. وهو الذي يلحق بالمجرم إلى داره، ولا يثنيه عن عزمه أي خوف أو وجل. وأيّ عيب في أن يقتحم "الشبل" دار "أبو فارس" الذي لم يرعَ حرمة السيادة وكرامة الملوك، ليلقّنه درساً في الطاعة واحترام الرؤساء.

توغّل في المغارة حذراً، والعصا في يمينه محشوّة بقذائف الثأر والانتقام، وجاهزة للانقضاض على رأس تلك الضبع الغادرة. وإذ بات في الداخل وجهاً لوجه مع عدوّه الماكر، وبانت أدوات الجريمة البشعة واضحة أمامه، فوجئت الضبع بأمرها

وعوت فاتحة شدقيها مكشّرة عن أنياب مغموسة بدم جريمتها النكراء. تحاول الدفاع عن نفسها. فعالجها شبلي بضربة محكمة على رأسها أضاعت توازنها؛ ثم أرفقها بأخرى على عينيها فأعمتهما. وصار يكيل لها من عصاه المجرمة ضربات مرّة، إلى أن تلاشت الضبع وغُلب على أمرها، ووقعت أرضاً تتخبّط بدمها. فتقدّم منها إذ ذاك وأدخل كفّيه في فكّيها وفسخهما. ثم جرّها إلى خارج المغارة لتكون شاهداً على سلطة "الشبل" العنيد وعلى ما لديه من جزاء للغدر والخيانة.

# مهمّةٌ على المَحكّ

دُعي شبلي داغر ذات يوم إلى "بيت الدين"، لأمر يتعلّق ربّما بدفع الضريبة المتوجّبة عليه للسلطة الحاكمة آنذاك. فلم يكترث للدعوة هذه. فأعمال الفلاّح أكثر من أن تُعدّ. وكيف له أن يترك أرضه ومواشيه ولو ليوم واحد في سبيل دفع ضريبة لا يعرف مالها إلى أين. وإذ تقاعس عن تأدية "الواجب" أرسل الحاكم في طلبه مجموعة من العساكر لإحضاره بالقوّة إلى السراي. ويقال أنّ عدد هؤلاء الجنود فاق الستّة. ذلك أنّ المسؤولين كانوا قد سمعوا عنه الكثير وعن جرأته وقوّة ساعديه. فاحتاطوا لأمره كثيراً. وفاتهم أنّه إنسان لطيف المعشر مضياف، دمث الأخلاق، حكيم يعرف حقّه كما يعرف حدّه ويقف عنده.

وإذ وصل العساكر بيته وأحاطوا به، سألهم مهمّتهم فأوضحوها له. فأكرم ضيافتهم كعادته دائماً؛ ثمّ قال لهم: "هلمّوا الآن أمامي وأنا أتبعكم. فلن أُساق كمجرم ذليل إلى سجنه. فإن فعلتم كان خيراً لكم وإلاّ فأنتم الباغون على أنفسكم". فلم يكن لهم بدّ من أن يرضوا بالواقع. فمهمّتهم على المحكّ وقد يهانون وتفشل. فساروا وتبعهم أبو كنعان حاملاً عصاه كالعادة، حتى أتوا السراي في "بيت الدين". هناك توقّف العساكر عند المدخل وطلبوا من شبلي التقدّم والدخول. وإذ بلغ البوّابة اندفع العساكر هؤلاء وراءه يحاولون دفعه عنوة إلى الداخل. فأحسّ بهم وأثبت ذراعيه إلى جانبَي البوّابة وتوقّف ضارباً رجليه في الأرض كجلمود لا تزحزحه التيّارات ولا الأعاصير.

وعبثاً حاول العساكر دفعه إلى الداخل، وعلى مرأى من المسؤول، فلم يفلحوا. فالتفت شبلي إذ ذاك إليهم قائلاً: "كان عليكم أن "تقدُّوا عليّ مراجل" عندما كنت وحيداً في بيتي. والآن وقد صرت في السراي تستبسلون وكأنّكم قد جلبتم السبع

من الغاب. فبئس النوايا. ولن أدخل السراي إلاّ وأن تبتعدوا عني إلى الوراء".

وإذ رأى المسؤول تصرّف عساكره، أمرهم بالتراجع، فتركوا شبلي وشأنه وابتعدوا عنه، ليتقدّم منه المسؤول ويربّت على كتفه قائلاً: "إذهب في سبيلك يا عمّ. ولن يزعجك بعد الآن أحد من هؤلاء".

وعاد شبلي من حيث أتى عزيزاً مكرّماً، جميل الذكر والمآثر.

# شِبلي والشيخ

جاء شبلي يوماً أحدُ المشايخ من "بعقلين"، واشترى منه عشرة فحول من المَعْز بمعدّل "عثملّيتين" للرأس الواحد.

نقده الشيخ عشر "عثمليّات" على أن يُكمل له ما تبقّى عند تسلُّم الفحول بعد عشرة أيّام. على أن يحقّ لشبلي بيع الفحول هذه فيما لو تأخّر الشاري عن الموعد المضروب.

ولمّا لم يحضر الشيخ إلاّ بعد ثلاثين يوماً باع شبلي هذه الفحول، ممّا أثار غضب الشيخ فشكاه إلى القاضي.

ومثلَ شبلي والشيخ أمام الأمير مصطفى أرسلان[6]، الذي كان قد سمع الكثير عن شبلي وأفعاله الشجاعة، فرأى أن يجرّبه ويتأكّد بنفسه ممّا سمع.

وما إن دخل شبلي قاعة المحكمة، حتى أخذ الأمير الحكيم يضرب بسوطه "ذنب الفيل" على طاولة خشبيّة أمامه، ممّا يُحدث صوتاً ترتعد له الفرائص وتنهار أمامه عزائم الأبطال، متعمّداً تخويف "الشبل" وسلب هيبته.

لكنّ الموقف لم يثبط من عزيمة شبلي ولم يُلن عزمه، ولم يكن ليرعبه، وهو مَن أرعبَ وحوش الغاب.

---

٦ مصطفى أمين أرسلان (١٨٤٨- ١٩١٤م): سياسي لبناني في الدولة العثمانية. ينتمي إلى عائلة أرسلان الدرزية المعروفة، ولد في الشويفات ودرس في بيروت ثم ذهب إلى الآستانة سنة ١٨٦٩م. عيّن قائمقام الشوف سنة ١٨٧٣م، تناوب مع نسيب باشا جنبلاط قرابة ثلاثين سنة على الحكم، وأكمل بناء القصر الذي كان باشر به والده، أصبح فيما بعد سراي بعقلين. كان عضواً في الجمعية العلميّة السورية.

فوقف شبلي أمام الأمير المتغاضب برهةً ثابتَ الجنان. ولمّا لم يأمره بالجلوس، اتّخذ له مقعداً أمام القوس وجلس دون استئذان قائلاً: "عندما تهدأ ثَورة غضبك فأنا هنا". عندها ارتقص حاجبا الأمير من الفرح، ونزل عن منصّته ليتقدّم من شبلي مهنّئاً بالموقف الشجاع.

وبعد أن استمع إلى أقوال الفريقين قضى بالحق. فنال الشيخ عدّة جلدات، وأعاد شبلي "العثمليّات" العشر إلى صاحبها، وانصرف كلّ منهما في سبيله.

# أنتَ هو!

لمّا ذاع صيت شبلي داغر في الجوار، أصبح هذا موضع تقدير واحترام ممّن عرفه أو عاشره. ومَن لم يعرفه عن كثب تمنّى لو يتعرّف إلى مَن تحدّثت عنه الناس وعن أعماله البطوليّة وجرأته النادرة.

وهذا ما دفع أحدهم مرّة، وقد دبّت في نفسه الغيرة والحسد، إلى الرغبة في مبارزة شبلي، علّه ينتزع منه تلك الهالة من الوقار والاحترام ويصم سمعته الطيّبة بالعيوب. قصده يوماً إلى "ضهر المغارة" ليتعرّف إليه أوّلاً، ومن ثمّ ليبارزه إن لزم الأمر. أليس عند الامتحان يُكرم المرء أو يُهان؟

وإذ هو في الطريق إليه بين "الجيّة" و"ضهر المغارة"، مرّ بفلاّح هناك يحرث أرضه ويزرعها، وكان ذلك قرب وادي "نهر بعاصير". توقّف ذاك الرجل المغرور عند ذاك الفلاح يتنسّم أخبار شبلي، علّه يعرف المزيد عنه. ففي الاستزادة إفادة.

ولمّا سأل الفلاّح عن شبلي وأين يمكن أن يجده، اشتمّ شبلي ما كان يرمي من سؤاله وعرف أنّه المقصود، فانتزع المحراث بكامله من الأرض، وحمله بيد واحدة منبسطة إلى الأمام، وتطلّع إلى المنحدر المقابل للنهر حيث كان هناك صدفة نمر يختال بين الصخور والأدغال، وقال له: "ذاك هو شبلي داغر. فاتبعه قبل أن يتوارى".

وللحال دُهش ذاك الرجل الغريب وقال: "حقًّا أنتَ هو! أنتَ الذي أقصد! فتعارفا وتعانقا وأصبحا فيما بعد صديقين حميمَين".

كيف لا، والرجال تحترم الرجال.

# في الطريقِ إلى ديرِ القَمَر

كانت "دير القمر" آنذاك مدينة عامرة بالسكّان ومزدهرة بصناعتها وتجارتها. فيها كان المزارعون يبيعون إنتاجهم، ومنها يشترون حاجاتهم وعدّتهم الزراعيّة. فقد كانت أيّام الأمراء المعنيّين عاصمة البلاد. وبعد أن انتقلت العاصمة إلى "بيت الدين" في عهد الأمراء الشهابيّين ظلّت "دير القمر" محافِظة على مكانتها المرموقة من الازدهار والعمران.

وكان شبلي داغر وأولاده يتوافدون إلى "دير القمر" باستمرار لقضاء أمورهم المعيشيّة. وفي إحدى هذه الرحلات "المكّوكيّة" كان شبلي وابنه الأصغر إبراهيم في طريقهما يوماً إلى تلك المدينة "الشوفيّة" العريقة. وبينما هما في الطريق إليها، وفي منطقة "الفخَيتة"؛ وهي مزرعة صغيرة تقوم فيها بضعة بيوت تحيط بها أحراج موحشة وأودية مقفرة وتقع بين بلدتي "الدبيّة" و"سرجبال"، والسائر في هذه الدرب لا يجد نفسه إلاّ بين منحدرات جبال عميقة الأغوار تبعث على الخوف حتى أثناء النهار. وبينما هما هناك إذا بالدابّة تتوقّف فجأة وترفض متابعة سيرها، وكأنّها قد أحسّت بما يُخبّئ لها القدر. وكان إبراهيم إذ ذاك على ظهر الدابّة، وقد راعه الأمر كذلك، فتطلّع شبلي ليرى ما الخبر. فإذا به أمام ضبع تتربّص بهما على قارعة الطريق والشرر يتطاير من عينيها.

صاح بها شبلي حينئذ بصوت ارتجّت له الوديان وردّدت صداه التلال هناك، وهمّ نحوها بخطى ثابتة ملوّحاً بالعصا لينقضّ عليها. فانحرفت الضبع عنهما واختفت بين الأشجار والظلال. أمّا شبلي فنهر عندئذ دابّته قائلاً لها: "أهذه التي أخافتكِ؟". وتابع السير كالمعتاد مع ولده إلى "دير القمر".

# شِبلي وصِهرُه

كان فارس داغر، وهو صهر شبلي داغر زوج شقيقته كما ورد سابقاً، من الرجال الأشدّاء والمشهورين بالصلابة وقوّة العزم. ولن أذيع سرًّا إذا قلت إنّه كان فخوراً بقوّته خلافاً لشبلي الذي ما سمعه أحد يتباهى بجرأته وشدّة بأسه. وكان فارس يتسامر أحياناً مع زوجته فيهزأ من ركاكتها ويتهكّم من ضعفها، ناسباً إليها وإلى ذويها هذا الضعف "الموروث" على حدّ تعبيره. ولم يكن فارس ليعني ما يقول، وهو مَن خبرَ بأس ذويها. لكنّه كان يودّ أحياناً إثارة زوجته وإغاظتها. وهذا من باب "الغزل الخشن" أحياناً عند بعض المحبّين. فيتباهى الرجل بقوّته مادحاً نفسه، ذامًّا امرأته وذويها.

ذات يوم وقد عاد فارس من أعمال الحراثة تعباً، والعرق يبلّل جبهته المشويّة بشمس تشرين الحادّة، جلس عند مدخل البيت، وكان يُعرف بـ "الصاطوين"، يحاول أن يحلّ سير حذائه الضخم الذي علق بنعله ما يزيد عن وزنه طيناً وقشاً. وإذ خلع الحذاء تطلّع إلى زوجته وقال لها بتهكّم واضح: "سأضع كلّ أقاربك في هذا الحذاء إلاّ شبلي".

وما إن أتى إلى نهاية كلامه حتى دخل إليه شبلي، وكان خارج الدار وقد سمع ما قيل. فوضع أصابعه على عنقه كمَن يحاول خنقه، وراح يهدّده بالموت، وفارس يصرخ متضاحكاً: "لقد قلت إلاّك يا شبلي". فتركه شبلي وهو يضحك، أمّا الزوجة فقد كانت فخورة بأخيها. وكم كانت تودّ لو زاد العيار على زوجها قليلاً علّه يعتبر، أو يتلقّن درساً في التواضع واحترام الآخرين.

# سلامَةُ الطفولة

كلّنا يعلم ما حمل منتصف القرن التاسع عشر إلى اللبنانيّين من حروب دامية وويلات جارحة لم يعهدوها من قبل. وقد جاءت الفتن الأهليّة والطائفيّة التي حدثت عامَي ١٨٤٠ و١٨٦٠م، لتزيد الطين بلّة وتحدث الشقاق بين أبناء الوطن الواحد. وقد كان شبلي داغر عام ١٨٦٠م، في مطلع شبابه. ولم ينجرف في تيار الحقد والسوء بل ظلّ يعمل في أرضه، لا يتعاطى السياسة أو يعمل على التفرقة يوماً.

لكنّ ساحل الإقليم قد تأثّر بما كان يجري في جبال الشوف، خصوصاً في "دير القمر"، ممّا جعل بعض الدساكر والقرى المسيحيّة الصغيرة المنتشرة بعيداً عن المدن وفيها أقليّة سكّانيّة ضئيلة، تخاف على مصيرها وسط هذه الفوضى العارمة.

فما كان من سكّان قرى "الدبّية"، و"ضهر المغارة"، و"الدلهميّة"، و"بقعون"، إلاّ أن ينزحوا، ولو إلى حين، إلى ساحل المتن الجنوبيّ طلباً للسلام والنجاة.

نزح شبلي آنذاك مع مَن نزح من القرى المجاورة إلى بيروت، وربّما إلى "حارة حريك" و"برج البراجنة". وعلى الرغم مِن ما اعترض سبيلهم من صعوبات ومخاطر في رحلتهم هذه، خصوصاً عند مفترق "خلدة"، فقد وصل شبلي مع مَن وصل إلى حيث يقصدون. وكان يحمل على ظهره طفلة لأحد الجيران من "الدبّية" كما كان يضع في وسطه سكّيناً تقيه شرّ مخاطر الطريق إن لزم الأمر.

ولمّا وصل موكب النازحين إلى المكان المقصود، ووضع شبلي الطفلة أرضاً، تبيّن له أنّ السكّين في وسطه قد جرحته جرحاً بليغاً لم يحسّ به رغم طول المسافة.

ولما سُئل عن ذلك قال: "لقد ظننت أنّ الطفلة هي التي كانت تسبّب لي هذه الآلام البسيطة فتحمّلتُها لأنّ سلامة الطفولة كانت لي الأهمّ".

# جُرأةٌ نادِرة

بعد أن قسّم شبلي أرزاقه على أولاده، وترك لنفسه قطعة أرض كبيرة تحيط بالبيوت، أراد أن يعطي القسم الأعلى من هذه القطعة إلى ابنه الأصغر إبراهيم. فقد رفض إخوته الباقون أخذ حصّتهم فيها لأنّ طريقاً ما قد تُشقّ فيها للمرور إلى "الدبيّة". وستأخذ الطريق قسماً كبيراً منها بالإضافة إلى ما قد تجلب لهم ولبنيهم من مشاكل العربات وضجيجها وأخطارها. قصد شبلي مع ابنه إبراهيم "دير القمر" ليسجّل له حصّته من قطعة الأرض تلك. وكان سليم بك عمّون بانتظاره هناك لدى القاضي لأنّه كان ما يزال المالك الشرعيّ لتلك القطعة. كما صدف وجود "الدوماني" مالك مزرعة "بقعون"، يجلس إلى كرسيّ يدور فيه كإمبراطور عصره. ولما سأل القاضي عمّون لمَن يودّ بيع هذا العقار أجابه: "إلى شبلي داغر". أمّا شبلي فقال "إنّه بالتالي لابني إبراهيم".

وبعد إنهاء الإجراءات اللازمة أمام القاضي، إلتفت "الدوماني" إلى سليم بك عمّون وهو يدور بكرسيّه متباهياً وقال له متهكّماً: "وهل بقي لك شيء تملكه في "ضهر المغارة" يا سليم؟".

فوجئ عمّون بهذا السؤال لكنّه، وقد أدرك ما المقصود، التفت إليه وأشار إلى شبلي وقال: "يكفيني أن بقي لي هذا البطل وأولاده! وإنّي لن أتشبّه بك يوماً، فقد يخدمك شريكك ربما مئة سنة ولن يستطيع بعدها أن يشتري نتيجة تعبه قميصاً يستر بها عورته". ثم تقدّم نحو كرسيّه ودفعها بقوة لتدور بمن فيها ومضى.

# مرضُهُ بالكَزاز

أصيب شبلي داغر، قبل وفاته بعدّة سنوات، بمرض الكزاز. ولا نعرف أسباب إصابته بهذا الداء الفتّاك. و لم يكن الطبّ قديماً على ما هو عليه اليوم من تطوّر وتقدّم، كما أنّ الاكتشافات الحديثة لم تكن قد تمّت بعد في عالم الطبّ. فكان الطبيب يلجأ أحياناً إلى بعض الوصفات كأن يستعين بالطبّ العربيّ القديم، فينتفع المريض غالباً ويتعافى. ولمّا أصيب شبلي بداء الكزاز جيء إليه بطبيب من "دير القمر"، وقد يكون من "آل ربيز". فقال لأبنائه وقد تحلّقوا حوله مستفسرين: "إنّه الكزاز... وهو مرض خطير ويصعب شفاؤه. خصوصاً وقد نال منه الآن وتملّكه. ولا علاج له سوى عرق العنب الصافي. فيجب أن تسقوه رطلاً عرقاً كلّ يوم ولمدّة ثلاثين يوماً. فإذا استطاع أن يأخذ الكميّة دون أن "يتشردق" فإنّه بإذن الله قد يطيب".

ولمّا كان الداء قد أقفل فاهَ شبلي تماماً حتى لم يعد باستطاعة أحد أن يفتح له فكّيه ليسقوه العلاج الموصوف، كسروا له سنّين أماميّتين، ووضعوا في فتحة الفم هذه قمعاً، وأخذوا يسكبون في فمه العرق رويداً رويداً.

وكان شبلي يشرب دون عائق ودون أن يشعر بحرارة هذا العلاج المقترَح. سُرّ أولاده واستبشروا خيراً. وهكذا كانوا يفعلون كلّ يوم إلى أن أتوا على إسقاء أبيهم ثلاثين رطلاً من عرق العنب الصافي في الفترة المطلوبة. حتى إذا انتهت تلك الفترة بدأ شبلي يستعيد عافيته رويداً رويداً إلى أن شفي تماماً من هذا الداء العضال.

ويروى عنه أنّه كان أثناء المرض، وعند حدوث نوبة الألم، يقطّع المساند التي كان يسند إليها ظهره ورأسه، و لم يكن أحد ليستطيع تهدئته في مكانه أثناء النوبة إلا صهره طانيوس داغر، وأحياناً أخرى المدعو يوسف رزق من "الدلهميّة"، بالإضافة إلى ولديه ملحم وأسعد.

# أبناءُ شِبلي داغر
# فنِعمَ الآباء ونِعمَ الأبناء

أمّا وقد أوردنا ما وصلنا من أخبار فيما يتعلّق بشبلي ووالديه، وأشقّائه وشقيقاته، فلا بدَّ لنا من أن نأتي على ذكر عائلات أبنائه الصبيان الذين كانت لهم اليد الطولى في عمليّة بناء البلدة وإعمارها، إن إلى جانب والدهم حيًّا، أو بمتابعتهم ورشة البناء بعده.

## ١. كنعان شبلي داغر

فالابن البكر، وهو كنعان، قد تزوّج من لطيفة الككّ من "دير القمر" كما أوردنا. وهو بصفته الأكبر بين إخوته، أوّل مَن كان إلى جانب والده في أعمال الحراثة والزرع ورعي المواشي. وقد كان هادئ الطباع وذا سيرة طيّبة.

وقد رُزق أربعة صبيان هم: سعيد، وداغر، وقزحيّا، والياس؛ وستّ بنات هنّ: ماتيل، وأميلي، ومسعودة، ومريم، وسعدى، وحنينة.

فسعيد تولّى مختاريّة البلدة زهاء خمسين سنة، وتزوّج من كريمة بشارة داغر، ورُزق من الصبيان: يوسف، وبشاره. فيوسف تزوّج من لوريس سعيد معوّض من المشرف ورُزق منها: الياس، وسعيد، وتريز، ونهى، وسيدة، وماري. فتزوّج الياس من كلار إدمون داغر ورُزق منها: يوسف[٧]، وسعيد[٨]، ولورا[٩]، وفيرا[١٠]. أمّا تريز

٧ تزوج يوسف من جيسي طلعت داغر، ورزق منها: الياس.

٨ تزوج سعيد من أنطونيلا مسلّم من "البيرة الشوف"، ورزق منها: يوسف.

٩ تزوجت لورا من باتريك وبير من "ألمانيا".

١٠ تزوجت فيرا من فيليب البستاني من "الدبيّة".

فتزوّجت من حسيب الحدّاد من "وادي الزينة"؛ ونهى من وليد اسطفان من "وادي الزينة" أيضاً؛ وسيّدة من إدوار الحدّاد من "ديردوريت"؛ وماري من سعد مغامس من "دير دوريت" أيضاً.

أمّا بشاره سعيد داغر فتزوّج من روز قزحيا داغر ورُزق: يوسف، وكريمة، وسمر، ونسرين[11]. فتزوّجت كريمة من غسّان منير الهاشم من "عين الحور"؛ وسمر من حكمت طانيوس داغر.

أمّا بنات سعيد كنعان داغر فهنّ: مرتا زوجة شبلي داغر داغر؛ وحنّة زوجة كرم نجيب داغر؛ وجوزفين زوجة طانيوس قزحيا داغر؛ وأملين زوجة أديب عبد النور حنا من "البطّال".

أمّا داغر بن كنعان فقد تزوّج من ماري مسعود داغر، ورُزق منها ستّة صبيان هم: شبلي، وكنعان، والياس، وأنطوان، ومسعود، وموريس[12]؛ وثلاث بنات هنّ: وداد، وجوليات، ومسعودة.

فشبلي تزوّج من مرتا سعيد داغر ورُزق نزيه، وجرجس، ورمزي، وبيار، وبشاره[13]، وماري، وهيلدا. تزوّج نزيه من هيام إبراهيم من "عكّار" ورُزق: رودي، وأماندا[14]، ورايان. أمّا جرجس فتزوّج من ميرنا كرم داغر ورُزق: فراس، ونور.

---

١١ تزوجت نسرين من زياد رشيد داغر.

١٢ تزوج موريس من ثريا لحود من "وادي بنحليه"، ورزق منها: روبن، وراين، ورامونا.

١٣ تزوج بشارة من مارسال كريّم من "حارة حريك"، ورزق منها: رالف؛ ومرتا التي تزوجت من جوزف القزي من "الدامور"؛ وستيفاني؛ ويوسف؛ ولميتا؛ وبشارة؛ وسارة.

١٤ تزوجت أماندا من مارك مسعد من "الأردن" في كندا.

لكنّ رمزي تزوّج من جاكلين أبي مراد من "الدامور" ورُزق: مجد[١٥]، وغنوة[١٦]، وكارل. بينما تزوّج بيار من هناء الشاعر من "تنورين" ورُزق: سام، وغدي، وشبلي. وتزوّجت ماري من روجيه كنعان داغر؛ وهيلدا من طوني بيروتي من "المنصوريّة".

أمَّا كنعان داغر داغر فتزوَّج من سميرة خليل داغر ورُزق: روجيه، وداغر، ومونيه[١٧]، وبيليه[١٨]، وبرونا، وفينا[١٩]، وجوسلين، ودانيز[٢٠]، وبولين[٢١]. تزوّج روجيه من ماري شبلي داغر ورُزق منها: ريبال[٢٢]، وجنيفر، وجويس. وشقيقه داغر تزوّج من ماريلين رعد من "الشبانيّة" ورزق منها: كنعان وكيرستن؛ وبرونا من ألكسي جبّور من "زحلة"؛ وجوسلين من بيار المعلوف من "كفرقطرة".

أمّا الياس داغر داغر فتزوّج من ريفيت شنتيري من "المنصوريّة" حيث رُزق منها: جايسن[٢٣]، ورولان[٢٤]، وماريلان[٢٥]. وتزوّج أخوه أنطوان من تريز خليل

١٥ تزوج مجد من سارة رعيدة من "تنورين".

١٦ تزوجت غنوة من ماريو إده من "إده جبيل".

١٧ تزوج مونيه من أيرين أيتس من "اليونان" في كندا، ورزق منها: ماتيو، وأنابيل.

١٨ تزوج بيليه من أوزيليا ديندوست من "إيران" في كندا.

١٩ تزوجت فينا من جوزف خليل من "ميروبا" في كندا.

٢٠ تزوجت دانيز من بشار الأسمر من "العراق" في كندا.

٢١ تزوجت بولين من مايك بشور من "الخنشارة" في كندا.

٢٢ تزوج ريبال من نبيلة ماريا عابدين من "إيران" في كندا، ورزق منها: دومنيك، وأدريانا.

٢٣ تزوج جايسن من فيكي بابندريو من "اليونان" في "أستراليا"، ورزق منها: "أناستاشيا ريفيت"، وإليسا ماري.

٢٤ تزوج رولان من ليندا ماري دويهي من "زغرتا" في "أستراليا"، ورزق منها: أليجا مايكل، وإزايا كميل، وميكايا ماري.

٢٥ تزوجت ماريلان من رولان حداد من "وادي الزيني" في أستراليا.

نادر ورُزق: روي، ومريانا[٢٦]، وجوليانا. بينما تزوّج مسعود من فاديا يوسف داغر ورُزق: آدي[٢٧]، ودينا[٢٨]، ونادين. أمّا بالنسبة إلى بنات داغر بن كنعان، فقد تزوّجت وداد من الياس قزحيا داغر؛ وجوليات من طانيوس سعيد خميس من "ضهر المغارة"؛ ومسعودة من بولس خليل داغر.

وتزوّج قزحيّا بن كنعان شبلي داغر من سليمة إبراهيم داغر ورُزق: طانيوس، والياس، وإدمون، وسيدة، ومنيرة، ولطيفة، وروز، وأوديت. تزوّج طانيوس من جوزفين سعيد داغر ورُزق منها: حكمت، وعزّت، وبهجت، وطلعت، وصباح التي تزوّجت من أنطوان كرم داغر. بينما تزوّج حكمت من سمر بشاره داغر ورُزق منها: طانيوس، وبشاره، وروزا. كما تزوّج عزّت من كلود رشيد ريشا من "وادي بنحليه"؛ ولمّا توفّاه الله بعد أسبوعين تزوّجها فيما بعد شقيقه طلعت ورُزق منها: عزّت[٢٩]، وجيسّي[٣٠]. أمّا الياس قزحيّا داغر فتزوّج من وداد داغر داغر ورُزق: مارون[٣١]، وقزحيا، وعواطف، وسناء. فقزحيّا بن الياس تزوج من يولا ميشال داغر[٣٢] ورُزق: جيسيكا[٣٣]. وشقيقته سناء تزوّجت من وليد مسلّم من "البيرة" الشوف.

أمّا إدمون بن قزحيّا فقد تزوّج من ليلى مخايل القزي من "الجيّة" ورُزق منها:

---

٢٦ تزوجت مريانا من توفيق عيّاط من "فلسطين" في كندا.

٢٧ تزوج آدي من مارينا غروموفا من "روسيا"، ورزق منها: نيكولاي، وليوناردو.

٢٨ تزوجت دينا من مارك رياشي من "الخنشارة".

٢٩ تزوج عزَّت من كريستال مشرق من "دير الغزال" زحلة، ورزق ميكايل.

٣٠ تزوجت جيسي من يوسف الياس داغر.

٣١ تزوج مارون من ميشلين نصر من "سد البوشرية" ورزق منها: أندرس، والياس.

٣٢ بعد وفاة يولا تزوج قزحيا من دنيز بركات من "يحشوش" في أستراليا، ورزق منها: الياس، وباتريك، ومونيكا.

٣٣ تزوجت جيسكا من مايكل ساسين من "حدشيت" في أستراليا.

طانيوس[٣٤]، وكلار، وسليمه، وبهاء، ودولي، وسوزان[٣٥]. فكلار هي زوجة الياس يوسف داغر كما مرّ معنا؛ وسليمة قد تزوّجت من جوزف أبي رميا من "البقاع الغربيّ"؛ وبهاء تزوّجت من فادي كرم من "الدامور"؛ ودولي من بيار غنيمة من "الناعمة". وقد تزوّجت سيدة ابنة قزحيّا من فرنسيس طانيوس داغر (المؤلِّف)؛ ومنيرة من الياس خليل داغر؛ ولطيفة من أسعد خليل أبي صعب من "ضهر المغارة"؛ وروز من بشاره سعيد داغر؛ وأوديت من شربل كميل داغر.

أمّا الياس بن كنعان شبلي داغر فقد تزوّج من جميلة سليم عيد من "الجيّة" ورُزق منها: ميشال، وأنيس، وحياة، وأنجال. تزوّج ميشال من سعاد نخلة من "الجيّة" ورُزق منها: مارون، ويولا، وماغي، وريما[٣٦]، ونجاة. تزوّج مارون من يولاّ مارون القزي من "الجيّة" ورُزق: ميشال، وجاستن. بينما تزوّجت نجاة من جورج أبي جودة من "جلّ الديب"؛ وماغي من جورج القزّي من "الجيّة". أمّا أنيس فقد تزوّج من أدال عباس داغر ورُزق منها: الياس، ووليد، وفادي، وعبده[٣٧]، وشهرزاد (إيفون)، وليليان، ونجوى، وميشلين[٣٨]، وكلود. تزوّج الياس من أدال فريد داغر من "الدامور" ورُزق منها: باميلا[٣٩]، وباتريك، وسينتيا[٤٠]، وسيرجيو. بينما تزوّج وليد

٣٤ تزوج طانيوس من كلوديا فرح من "دده الكورة"، ورزق منها: إدمون، وألما، وسيلينا.

٣٥ تزوجت سوزان من جوزف نجم من "جرنايا".

٣٦ تزوجت ريما من جان معوض من "يحشوش" في أستراليا.

٣٧ تزوج عبده من أنياس ميلاد سلامة من "البوشرية" المتن، ورزق منها: نويل الذي تزوج من جويا جوزف غانم من "جورة بدران" كسروان؛ وكريستال؛ وأستيل.

٣٨ تزوجت ميشلين من جوزف جورج بعقليني من "ضهور الشوير" المتن.

٣٩ تزوجت باميلا من إيلي يوسف داغر من "الدبية".

٤٠ تزوجت سينتيا من إبراهيم سركيس طنوس من "جران" البترون.

من سميرة الحبشي من "دير الأحمر" ورُزق: تاتيانا[٤١]، ونجوى[٤٢]، وإليانا، وماري تريز. وتزوّج فادي من غادة صادق من "الدامور" ورُزق: أنيس[٤٣]، ونانسي[٤٤]، وربيكا. أمّا شهرزاد (إيفون) فتزوّجت من فيليب أبي رجيلي من "وادي بنحليه"؛ وليليان من جورج فارس من "سنيّا" الجنوب؛ ونجوى من جورج جميل عزّام من "الدبيّة"[٤٥]. وقد تزوّجت حياة ابنة الياس كنعان من طانيوس دميان من "الدامور".

أمّا بنات كنعان الستّ فهنّ:

ماتيل التي تزوّجت من أسعد البستاني من "حيّ الحمراء" في "الدامور"؛ وسعدى زوجة سعيد يوسف داغر؛ وإميلي التي تزوّجت من يوسف خليل نادر من "الدامور"؛ ومريم من نسيبها نجيب ملحم داغر؛ ومسعودة التي تزوّجت من يوسف نجم الهاشم المعروف بيوسف نجم الزيتونيّة، نسبة إلى بلدته "الزيتونيّة" قرب "مزرعة الضهر"؛ وأخيراً حنينة زوجة خليل أسعد أبي صعب من "البقيعة – سيرجبال".

## ٢. بشاره شبلي داغر

أمّا بشاره، الابن الثاني لشبلي، فقد تزوّج من حنّة داغر من "البطّال" ووالدها هو داغر حنا داغر. وقد توفّي بشاره قبل والده شبلي تاركاً ولدين هما: يوسف الذي مات في ريعان الشباب؛ وكريمة التي تزوّجت من ابن عمّها سعيد كنعان داغر كما ورد آنفاً.

وكان بشاره وولده يوسف من الرجال الأشدّاء الشجعان.

---

٤١ تزوجت تاتيانا من نويل جورج زيادة من "سبعل" عاليه.

٤٢ تزوجت نجوى من رواد جوزف صقر من "الصفرة" كسروان.

٤٣ تزوج أنيس من جويل غالي الريس من "حملايا" المتن، ورزق منها: إيفي، وفادي.

٤٤ تزوجت نانسي من منير غسان الهاشم من "عين الحور".

٤٥ تزوجت نجوى مرّةً ثانية من سامي بركات من "بشمزين الكورة" في أستراليا.

## ٣. ملحم شبلي داغر

أمّا ملحم بن شبلي داغر (جدّ المؤلِّف لوالده)، فقد تزوّج من جورية فارس مراد أبي عبدالله من "الدامور"، ورُزق منها خمسة صبيان دون بنات وهم: نجيب، وأديب، وطانيوس (والد المؤلِّف)، وشبلي، ومخايل.

فنجيب تزوّج من مريم كنعان داغر، ورُزق منها: كرم، وجوزف، وكنعان، وملحم؛ وابنتين هما: ميلادة، وسيدة. فكرم تزوّج من حنّة سعيد داغر ورُزق منها: أنطوان، وقزحيا، ومارون، وتريز، وأنطوانيت، وميرنا. أمّا أنطوان فقد تزوّج من صباح طانيوس داغر ورُزق: كرم، وميادة[٤٦]، وجوزفين. أمّا قزحيّا[٤٧]فقد تزوج من نوال اسطفان من "وادي الزينة" ورُزق منها صبياً واحداً هو: الياس[٤٨]. وتزوّج مارون من داني متّى من "فرن الشبّاك" ورُزق: رالف، وورومي. بينما تزوّجت تريز من جورج ناصيف من "حمّانا"؛ وأنطوانيت من نكد نجم من "عين الحور"؛ وميرنا من جرجس شبلي داغر.

أما جوزف بن نجيب ملحم داغر فتزوّج من تريز أديب داغر ورُزق منها: جان، وفادي، وفريال، ومارلين، وغادة[٤٩]. تزوّج جان من ماغي غصن من "صفاريه" الجنوب وأنجب منها: شربل، وتزوج فادي من كريستيان حرفوش من "بكاسين" ورُزق منها: كافن، وجوزف، وبراين. وقد تزوّجت فريال من جود سيوفي من "شيخ طابا" في عكّار؛ ومارلين من جهاد جميل داغر. أمّا كنعان نجيب داغر فقد تزوّج من تقلا طانيوس القزي من "الجيّة". وتزوّج شقيقه ملحم من صونيا مخايل

---

٤٦ تزوجت ميادة من شربل أبو فيصل من" الدامور".

٤٧ تزوج كرم من كارلا صليبا من "بتغرين".

٤٨ تزوج الياس من أليسن من "أرمينا" ورزق منها: ميا، وقزحيا.

٤٩ تزوجت غادة من وديع القزي من "الجية".

داغر حيث رُزق: نجيب[٥٠]، وكوزيت[٥١]، وكارلا[٥٢]. وقد تزوّجت ميلادة أوّلاً من يوسف سعيد يوسف داغر ثم بعد وفاته من كميل جرجس داغر. وتزوّجت شقيقتها سيدة من سليم شبلي داغر.

أمّا أديب بن ملحم شبلي داغر فقد تزوّج من إميلي سليم عيد من "مزرعة الضهر" ورُزق منها: جميل، وملحم، وجمال زوجة فؤاد إبراهيم داغر، وتريز زوجة جوزف نجيب داغر. وبعد موت إميلي تزوّج أديب ثانية من نجلا الخرياطي من "جون" ولم يُرزق منها أولاداً. وقد تزوّج جميل من جمال جرجس داغر ورُزق منها: ريمون، وسيمون، وجهاد، وإميلي، وجان دارك. تزوّج ريمون من تريز القزّي من "الجيّة" ورُزق منها: جميل[٥٣]، وستيفاني[٥٤]، وميراي[٥٥]. بينما تزوّج سيمون من لور سليم داغر ورُزق: ألين، ودانا، وجويل. وتزوّج جهاد من مارلين جوزف داغر ورُزق: إيلي، وجوان[٥٦]، وتريز[٥٧]. وقد تزوّجت إميلي جميل داغر من ميلاد شبلي داغر؛ وجان دارك من جوزف عون من "الدامور". أمّا ملحم بن أديب ملحم داغر فقد تزوّج من جناة يوسف نخلة من "الجيّة" ورُزق منها: أديب[٥٨]، وإيلي[٥٩]، وكوليت،

٥٠ تزوج نجيب من ماري لاباتية من "مصر" في كندا، ورزق منها: أنطوني، وآنّا.

٥١ تزوجت كوزيت من سيمون جانيني من "برج حمود".

٥٢ تزوجت كارلا من آلان عيد من "المطلة الشوف".

٥٣ تزوج جميل من ريتا مارون القزي من "الجيَّة" في أستراليا، ورزق منها: ريمون، ودانيال، وجاك.

٥٤ تزوجت ستيفاني من جوني الهاشم من "سيرجبال" في أستراليا.

٥٥ تزوجت ميراي من جوزف الهاشم من "سيرجبال" في أستراليا.

٥٦ تزوجت جوان من ألكس سعادة من "دير الأحمر" في أستراليا.

٥٧ تزوجت تريز من باتريك سقلاوي من "كفرزينة" في أستراليا.

٥٨ تزوج أديب من آنّا كريستينا زكّاك من "كندا"، ورزق منها: إليانا، وألكسندر، وأنطوني.

٥٩ تزوج إيلي من كرستينا ترانتادوي من "إيطاليا" في كندا، ورزق منها: نيكولاس، جوليان.

وإميلي، وكاتيا[٦٠]. تزوّجت كوليت من ميشال فؤاد داغر؛ وإميلي من كارلوس سمير عيد من "مزرعة الضهر".

وقد تزوّج طانيوس بن ملحم شبلي من عفيفة أسعد داغر ورُزق منها: فرنسيس (المؤلِّف)، ورشيد، وجورج، وسلمى (لطيفة)، وحنينة، ومهى. وقد تزوّج فرنسيس من سيدة قزحيا داغر ورُزق منها: بسام[٦١]، وغسان[٦٢]، ومروان[٦٣]، ونورما (زوجة يوسف أسعد أبي صعب من "ضهر المغارة"). أمّا رشيد فقد تزوّج من سليمة شبلي داغر ورُزق: زياد[٦٤]، وطانيوس[٦٥]، وجاك[٦٦]، وكلادس (زوجة يوسف يوسف داغر). وتزوّج جورج من صباح أديب حنا من "البطّال"، ورُزق منها: هشام[٦٧]، وطانيوس، ومنال[٦٨]، ونغم[٦٩]. وقد تزوّجت سلمى (لطيفة) من حسيب فريد داغر؛ وحنينة من الياس أسعد شعيا من "الدامور"؛ ومهى من شكيب مخايل عزّام من "الدامور" أيضاً.

أمّا شبلي بن ملحم شبلي فتزوّج من ماتيل جرجس داغر ورُزق: سليم، وميلاد،

---

٦٠ تزوجت كاتيا من ألفريد شويري القاصوف من "زحلة" في كندا.

٦١ تزوج بسام من جوسلين نصر من "سد البوشرية" في كندا، ورزق منها: فرنسيس وفيكتور.

٦٢ تزوج غسان من نسرين بطرس من "مشغرة" في كندا، ورزق منها: ميرا، وبيار.

٦٣ تزوج مروان من كاتيا عوَّاد من "الميدان" في كندا، ورزق منها: دانيلا، وجان بول.

٦٤ تزوج زياد من نسرين بشارة داغر.

٦٥ تزوج طانيوس من رولا حدشيتي من "القدام" بعلبك، ورزق منها: شربل، وشادي، وتريزا، ورشيد.

٦٦ تزوج جاك من ريتا عيسى من "دير ميماس"، ورزق منها: شربل.

٦٧ تزوج هشام من ريما حداد من "كترمايا" في أستراليا، ورزق منها: جورج أنطونيو، وآلانا ريتا.

٦٨ تزوجت منال من بول شليطا من "حوقا" في أستراليا.

٦٩ تزوجت نغم من بشير ساسين من "حدشيت" في أسراليا.

وسليمة، وجوليا، وروزيت. تزوّج سليم من سيدة نجيب داغر ورُزق: جوزف[٧٠]، ولور، وتريز. فتزوّجت لور من سيمون جميل داغر؛ وتريز من روني نمر من "الرميلة". وتزوّج ميلاد من إميلي جميل داغر ورُزق: شادي[٧١]، وشبلي[٧٢]، وشادية[٧٣]. أمّا سليمة فتزوّجت من رشيد طانيوس داغر؛ وجوليا من نعيم القزي من "سيرجبال"؛ وروزيت من الياس كميل داغر.

أمّا مخايل، الابن الأصغر لملحم شبلي داغر فقد تزوّج من سعاد نجيب داغر ورُزق: عزيز، ونبيل، والياس، ومخايل، ونوال، وسميرة، وصونيا، وإنعام، وليندا. تزوّج نبيل من منى عبدالله داغر ورُزق: سامر[٧٤]، وماهر[٧٥]، وسمر[٧٦]. أمّا الياس فقد تزوّج من تريز الحايك من "الدامور" ورُزق: ريشارد (كاهن)[٧٧]، وساندرا[٧٨]، وسحر[٧٩]. لكنّ مخايل تزوّج من ليليان عيد من "الجليلية" ورُزق: ميراي[٨٠]، وشانتال[٨١]، وريتا. أمّا نوال فقد تزوّجت من جورج حليم القزي من "الجيّة"؛ وسميرة من القاضي

٧٠ تزوج جوزف من رانيا كرم من "مشموشة" في أستراليا، ورزق منها: شربل.

٧١ تزوج شادي من رولا داغر داغر من "زحلة" في أستراليا، ورزق منها: إملي، والياس.

٧٢ تزوج شبلي من ميلاني أيوب من "كهف الملّول" في أستراليا.

٧٣ تزوجت من الياس عزيزي من "زغرتا" في أستراليا.

٧٤ تزوج سامر من باسكال عنتر "من زوق الخراب"، ورزق منها: نبيل، وشربل، وبيا، وماريا.

٧٥ تزوج ماهر من تريز خليل من "بريح" الشوف، ورزق منها: كلاريتا، والياس، وأنطوني.

٧٦ تزوجت سمر من سركيس أرسلانيان من "الأشرفيَّة".

٧٧ تزوج ريشار من كلير كيروز من "دير الأحمر"، ورزق منها: ماري– كلير، وشربل– إيلي، وجون– أنطوني، وفرنشيسكا – فريدا.

٧٨ تزوجت ساندرا من إيلي فلياناتوس من "سن الفيل".

٧٩ تزوجت سحر من ربيع فرنسيس من "عازور".

٨٠ تزوجت ميراي من شربل حنا من "رميش".

٨١ تزوجت شانتال من جوزف القزي من "الجية" في أستراليا.

خليل سعيد أبي رجيلي من "وادي بنحليه"؛ وليندا من يوسف عباس داغر؛ وصونيا من ملحم نجيب داغر؛ وإنعام من سليم إليان من "زحلة".

وقد ورث ملحم عن أبيه شبلي داغر الإقدام والجرأة وقوّة العزيمة، إضافة إلى أخلاق ومناقبيّة مميّزة.

## ٤. جرجس شبلي داغر

لكنّ جرجس بن شبلي داغر فقد تزوّج من لطيفة داغر من "البطّال" ولم يُرزق منها ولداً. وبعد وفاتها تزوّج للمرّة الثانية من أسين نجم الهاشم ورُزق منها صبياً واحداً هو كميل، وثلاث بنات هنّ: ماتيل التي تزوّجت من ابن عمها شبلي ملحم داغر؛ دلال زوجة جرجس عبد الله داغر؛ وجمال التي تزوّجت من نسيبها جميل أديب داغر. أمّا كميل فتزوّج من لطيفة نعمة داغر ورُزق منها: طانيوس، والياس، وشربل. تزوّج طانيوس من هدى زكريا من "الشويفات" ورُزق: هشام، وغسان[٨٢]، ووسام[٨٣]. أمّا الياس فتزوّج من روزيت شبلي داغر ورُزق: جوزيف[٨٤]، وطانيوس، ولارا[٨٥]. بينما تزوّج شربل من أوديت قزحيا داغر ورُزق: كميل[٨٦]، وبيتر[٨٧]، وريتا[٨٨]. كما رُزق كميل بن جرجس إضافة إلى أبنائه الثلاثة المذكورين أربع بنات هنّ: مريم زوجة الياس جرجس البستاني من "الدبيّة"؛ وسيدة زوجة جوزف جميل

٨٢ تزوج غسان من رنا بريتم من "الأردن"، ورزق منها: ألكسندر.

٨٣ تزوج وسام من ريما كنعان من "جديدة المتن"، ورزق منها: أنطونيو، وآيا.

٨٤ تزوج جوزف من إيلونا كازلوفا من "لاتزفيا" في كندا، ورزق منها: لونا، وليو، وبيلّا.

٨٥ تزوجت لارا من دومينيك مونوي من "إيران" في كندا.

٨٦ تزوج كميل من إيزابيلا لورينتانو من "إيطاليا" في كندا، ورزق منها: شربل، وآنّا، وأبيغال.

٨٧ تزوج بيتر من ديزيريه سوزا من "البرتغال" في كندا، ورزق منها: آيزيا (قزحيا).

٨٨ تزوجت ريتا من كريستوفر فيتي من "إيطاليا" في كندا.

داغر من "الدامور"؛ وسعدى زوجة عزيز سرحال عون من "الدامور"؛ وجورجيت زوجة أنطون حداد من "ديردوريت". وبعد وفاة لطيفة تزوّج كميل ثانية من ميلادة نجيب داغر ورُزق منها ابنة واحدة هي هناء زوجة حبيب دكاش من "حارة حريك".

هذا وقد اتّصف جرجس ببرودة الطباع وهدوء الرؤيا.

## ٥. مسعود شبلي داغر

أمّا مسعود بن شبلي داغر، فقد تزوّج من مسعودة ابنة فارس داغر ورزق منها فتاة واحدة هي ماري زوجة داغر كنعان داغر. وبعد وفاة مسعودة عاد مسعود وتزوّج من مرتا بشاره يعقوب من "عين الحور" ولم يُرزق منها أولاداً. وقد اشتهر مسعود بحنكته وصداقاته المتعدّدة.

## ٦. أسعد شبلي داغر

وإن أشرنا إلى أسعد بن شبلي داغر (جدّ المؤلِّف لأمّه)، فقد تزوّج من رشيدة فارس داغر ورُزق منها صبيّين اثنين هما: فريد، وحليم؛ وستّ بنات هنّ: نجيبة زوجة راشد اسكندر البستاني من "الدبيّة"؛ وحسيبة التي تزوّجت من طانيوس نوهرا من "شمعرين" قرب "سيرجبال"؛ وحنّة زوجة عبدالله حكيّم من "غوسطا"؛ وعفيفة (والدة المؤلِّف)، زوجة طانيوس ملحم داغر؛ ومريم التي تزوّجت من فارس سعيد داغر؛ وفريدة.

أمّا فريد بن أسعد شبلي داغر فقد تزوّج من ماري ملحم فارس داغر ورزق منها صبيّين اثنين هما: نسيب، وحسيب؛ وابنتين هما: سامية، ووديعة. فنسيب

تزوّج من ماري خليل داغر ورُزق: الياس، وإميل[٨٩]، وأسعد[٩٠]، وملحم، وهدى، وناهية، وريتا. تزوّج الياس من فيرا القزّي من "الجيّة" ورُزق منها: رامي[٩١]، وريتا[٩٢]. وتزوّجت ناهية من وليم نخلة من "علمان"؛ وريتا من جوزف شمعون من "زحلة". أمّا حسيب فقد تزوّج من سلمى (لطيفة) طانيوس داغر ورُزق منها: شربل، وفريد، وماري، وفيوليت، وندى[٩٣]، ومهى، وريما[٩٤]، وروز. تزوّج شربل من نادرة سلّوم البستاني من "الدبيّة" ورُزق منها: حسيب، ووليد، ومروان[٩٥]. وتزوّج شقيقه فريد من نورما عبدالله من "القبيّات" ورُزق منها: شربل[٩٦]، وريتا[٩٧]، وجوزف. بينما تزوّجت ماري من الياس أديب حنا من "البطّال"؛ وفيوليت من جورج طانيوس القزّي من "الدامور"؛ وروز من ريمون خليل نادر؛ ومهى من مايك أبي كسم من "بيصور" الجنوب. وقد تزوّجت سامية فريد داغر من جرجس عطيّة من "صور"؛ ووديعة من أنطوان خليل من "عين المير". لكنّ حليم بن أسعد شبلي داغر فقد تزوّج من ماري بشارة نقولا من "الدامور" ورُزق: الياس، ومخايل، وناديا، وتريز، وليلى،

٨٩ تزوج إميل من مارغريت أبي ضاهر من "رشميا"، ورزق منها: إميليو، ومابيل، وماغالي.

٩٠ تزوج أسعد من ماريا- ألفيرا أليجو من "الفيلبين" في كندا، ورزق منها: إزابيلا- ماري.

٩١ تزوج رامي من مارغريت القزي من "الجيّة" في أستراليا، ورزق منها: لاريتا، وسارة، وفيرونيكا، والياس.

٩٢ تزوجت ريتا من نبيل توما من "البترون" في أستراليا.

٩٣ تزوجت ندى من كميل عبدالله من "المسيطبة" بيروت.

٩٤ تزوجت ريما من مارون أبي فرح من "الغابون".

٩٥ تزوج مروان من شانتال جعجع، ورزق منها: جوري.

٩٦ تزوج شربل من جوانا شمعون من "سرعين" البقاع.

٩٧ تزوجت ريتا من نبيل عيد من "الفوارة" الشوف.

ورشيدة[٩٨]. تزوّج الياس من تريز معوّض من "الدامور" ورُزق: وليد[٩٩]، وماري[١٠٠]، وعنايا[١٠١]، وريموندا[١٠٢]، وسوزان[١٠٣]. أمّا مخايل فقد تزوّج من سيدة أبي زيد من "مليخ" ورُزق منها: شربل، وكارول، وماريان. وقد تزوّجت ناديا من الياس نمر من "الرميلة"؛ وليلى من حنا الشمّاعي من "كفرفالوس"؛ وتريز من جان ليون.

وقد اشتهر أسعد باستعمال العصا إذا ما وقع في عراك، بالإضافة إلى طيب الأخلاق وصفاء السريرة.

### ٧. نعمه شبلي داغر

وأخيراً لا آخراً، نذكر نعمه الذي كان له ولأخيه إبراهيم الفضل الكبير في كشف المعلومات الواردة في هذا الكتاب.

فقد تزوّج نعمه من سعدى داغر داغر من "البطّال" ورُزق منها صبيًّا واحداً هو: خليل، الذي تزوّج من حسيبة حنا داغر من "الدامور" ورُزق منها: مخايل، والياس، وجرجس، ونعمه، وبولس، وماري، وسميرة، وهند (جناة)؛ كما رُزق نعمه ابنتين هما لطيفة زوجة كميل جرجس داغر، ونزهه زوجة نجيب زين داغر من "الدامور".

وقد تزوّج مخايل بن خليل نعمه داغر من تريز تابت من "ديردوريت" ورُزق:

---

٩٨ تزوجت رشيدة من إيلي الحمصي من "الدورة".

٩٩ تزوج وليد من جنين أبو جودة من "الزلقة".

١٠٠ تزوجت ماري من شربل ناكوزي من "المتين".

١٠١ تزوجت عنايا من جورج نمر من "الرميلة".

١٠٢ تزوجت ريموندا من جورج خوري من "الدامور".

١٠٣ تزوجت سوزان من حنّا جهجه من "دير بعشتار" الكورة.

راغدة، ورولا، وحسيبة[١٠٤]، وكارول[١٠٥]، وداليدا[١٠٦]، وديانا[١٠٧]. فراغدة تزوّجت من جوزف يونس من "فرن الشبّاك"؛ ورلى من جوزف عون من "الفنار". أمّا الياس بن خليل داغر فقد تزوّج من منيرة قزحيا داغر ورُزق منها روني[١٠٨]، وداني[١٠٩]، ودوري[١١٠]، ودورا[١١١]. وقد تزوّج جرجس خليل داغر من ليلى يوسف داغر ورُزق: بينا، ودارين، ونعمت، ونيفين. أمّا نعمه خليل داغر فقد تزوّج من فريال مفيد حلاحل من "حامات" الشمال ورُزق: جورج[١١٢]. وتزوّج بولس، الابن الأصغر لخليل، من مسعودة داغر داغر ورُزق منها: أمين، وبشير[١١٣]، وربيع، وهيثم. لكنّ ماري تزوّجت من نسيب فريد داغر؛ وهند (جناة) من خليل يوسف نادر؛ وسميرة من كنعان داغر داغر.

وقد عاش نعمه طويلاً وكان كإخوته قويّ البنية سلس الأخلاق.

١٠٤ تزوجت حسيبة من فادي هرماز من "العراق" في كندا.

١٠٥ تزوجت كارول من آريس أماد من "باكستان" في كندا.

١٠٦ تزوجت داليدا من أنطوني تريست من "إسبانيا" في كندا.

١٠٧ تزوجت ديانا من يعقوب ماراكو من "العراق" في كندا.

١٠٨ تزوج روني من مريانا عبيد من "فلسطين" في كندا، ورزق منها: كريستوفور، ونيكولاس.

١٠٩ تزوج داني من زينة شنّيص من "سوريا" في كندا، ورزق منها: مالينا.

١١٠ تزوج دوري من ليسا رشا من "البرتغال" في كندا، ورزق منها: جاكوب، وليلى.

١١١ تزوجت دورا من إدواردو كاسف من "المكسيك" في كندا.

١١٢ تزوج جورج من سارة الراهب من "مصر" في كندا، ورزق منها: ويل–أكسيل، وسينفوني – غريس.

١١٣ تزوج بشير من هيلين كارولو في كندا ورزق منها: أنطوني، وجوشوا، وروميل.

## ٨. إبراهيم شبلي داغر

يبقى أن نشير أخيراً إلى إبراهيم، وهو أصغر أبناء شبلي داغر، والوحيد بين إخوته الصبيان الذي وُلد في "ضهر المغارة". فقد تزوّج أولاً من منيرة سعيد متري من "عقليه – الدبيّة"، ورُزق منها: ملحم وقد توفاه الله شاباً؛ ثمّ سليمة زوجة قزحيا كنعان داغر؛ وآفلين زوجة كميل سرحال عون من "الدامور".

وبعد وفاة منيرة تزوّج إبراهيم ثانية من نظيرة القزّي من "الجيّة" ورُزق منها ثلاثة صبيان هم: فؤاد، وجورج، وشهيد؛ وثلاث بنات هنّ: مهيبة، وجوليا، وسعدى. وقد تزوّج فؤاد من جمال أديب داغر ورُزق: غسان، وميشال، وتريز. فتزوّج ميشال من كوليت ملحم داغر ورُزق: ألان، وشارلي. أمّا تريز فتزوّجت من مهيب وهبه من "عانا" البقاع. تزوّج جورج إبراهيم داغر من نهاد بولس الخوري من "عانا" البقاع ورُزق منها: صبحي (صاحب تصدير الطبعة الأولى لهذا الكتاب)، وإبراهيم، ووسام[١١٤]، ونجاح، وحنان، ورنى. فصبحي تزوّج من فادية فؤاد داغر؛ وشقيقه إبراهيم من سوزن حجّار من "قيتولة" ورُزق منها: الياس[١١٥]. أمّا نجاح فقد تزوّجت من ويلسن القزي من "الدامور"؛ وحنان من الياس كسّاب من "عين الدلب" في الجنوب؛ ورنى من فادي مشنتف من "عبرا" الجنوب. بقي أن نذكر أنّ شهيد بن إبراهيم شبلي داغر قد تزوّج من بهاء أديب تامر من "بْتعبورة – الكورة" ورُزق منها: إبراهيم[١١٦]، والياس[١١٧]. أمّا بنات إبراهيم شبلي داغر من نظيرة القزّي

---

١١٤ تزوج وسام من كرستين ساشيه من "ألمانيا" في كندا، ورزق منها: صوفي، وإيلي.

١١٥ تزوج إبراهيم ثانية من إيريكا موديغنو "إيطاليا" في أميركا، ورزق منها: كلير.

١١٦ تزوج إبراهيم من لورنس– كاترين في فرنسا، ورزق منها: فالانتان– شهيد، وشارل– جان.

١١٧ تزوج الياس من كارول القزي من "الدامور" في فرنسا، ورزق منها: توماس، وكلوي، ونيكولا، وألكسندر.

فهنّ: مهيبه وقد تزوّجت من عادل حنا داغر من "الدامور"؛ وجوليا زوجة فؤاد نجيب داغر؛ وسعدى التي نذرت الترهّب في دير الصليب باسم الأخت ليليان داغر.

وقد عمّر إبراهيم طويلاً كأخيه نعمه إذ اجتازا عتبة التسعين من السنين. أمّا مسعود وأسعد فقد توفيا في الثمانينات من عمرهما، والأخوة الباقون لم يُكتب لهم من العمر إلا متوسّطه.

ومما يحسن ذكره أنّ الزواج الأوّل لإبراهيم قد تمّ بحضور والده شبلي. وكان إبراهيم قد ابتاع له بالمناسبة بذلة ثمينة. لكنّ شبلي لم يعمّر طويلاً بعد زواج ابنه الأصغر، وقد توفّاه الله بعد ذلك بأربعين يوماً.

هذه لمحة إجماليّة عن عائلات أبناء شبلي وأحفادهم. ومَن يودّ المزيد من التفاصيل فما عليه إلاّ الرجوع إلى شجرة العائلة المرفقة بهذا الكتاب.

# شِبلُ المَغارَة

رخصة حمل سلاح تعود إلى مسعود الابن الخامس لشبلي داغر

نعمة داغر الابن السابع لشبلي داغر

إبراهيم داغر الابن الثامن لشبلي داغر

# فصولٌ من سيرةِ أبناءِ شِبلي داغر

# الولدُ الرجُل

كان شبلي داغر يرسل ولده الأصغر إبراهيم، ولمّا يبلغ الثامنة من عمره، إلى "دير القمر". فإخوته الكبار كانوا يقومون بمساعدة أبيهم في أعمال الأرض، ولا يجوز أن تتعطّل الأعمال إلاّ لأمر هام.

وكان إبراهيم يركب الدابّة محمّلةً بالحليب، ويذهب بها في الصباح الباكر من "ضهر المغارة" إلى "دير القمر" مروراً بـ "الدبيّة"، و"سرجبال". فتتوقّف الدابّة تلقائيًّا، والدواب تعرف دربها، عند محلّ ألبان لـ "آل حداري". فينقده "الحداري" الثمن ويعود الولد الرجل بدابّته وماله من حيث أتى دون وجلٍ أو كلل.

# في جبل عامل

كان أبناء شبلي داغر جميعهم أقوياء البنية أشدّاء كأبيهم. وكان أقواهم وأشجعهم بشاره، وملحم، وأسعد. أمّا بشاره فلم يعمّر طويلاً. وتُرجّح وفاته قبل عام ١٩٠٣م، استناداً إلى الوثائق المرفقة بهذا الكتاب.

أمّا ملحم فكان مفتول الساعدين كأبيه، جريئاً لا يخاف أسود الغاب إن زأرت. وقد كان عظيم الشأن كبير القدر كأبيه. وأمّا أسعد فكان مشهوراً كما ذكرت سابقاً باستعمال العصا إذا ما اضطرّ لعراك فُرِض عليه. لذا كانت لا تفارقه، وإن استعملها كانت بطّاشة هدّامة؛ حتى أنّ أحداً لم يقوَ على انتزاعها منه في أيّة معركة. لكنّ الإخوة الآخرين، إضافة إلى بأسهم، كانوا يمتازون باللين والحكمة، ولا يحنقون إلاّ مرغمين.

وقد صدف مرّة أنّ أبناء شبلي هؤلاء ذهبوا يوماً إلى فلسطين إبّان الحرب العالميّة الأولى، وكان والدهم قد توفّي منذ سنوات قليلة، وذلك لشراء بعض الحبوب، خوفاً من أن تطول أزمة الجوع في تلك الحرب اللعينة، رغم أنّهم لم يجوعوا طيلة أيّام المحنة لِما كانوا يدّخرون من غلال أراضيهم ومواشيهم لمثل تلك الأيّام السود. وقد آووا وأطعموا الكثيرين من أبناء القرى المجاورة، وردّوا عنهم شبح الموت من الجوع في تلك الأوقات الصعبة. ولهم مآثر جمّة في هذا المجال الإنسانيّ.

وإذ هم في طريقهم إلى حيث يقصدون، وفي جبل عامل بالذات، مرّوا بقرية هناك والتقوا صدفة أحد مواطنيها. ولمّا عرف منهم هذا أنّهم يودّون شراء القمح رماهم بشتائم وإهانات فادحة، متهماً إيّاهم بالتسوُّل ومحاولة أخذ حبوبهم وحنطتهم، فيما هم بأمسّ الحاجة إليها. فما كان من أحدهم إلاّ أن حمله بين يديه الاثنتين ورفعه عالياً وألقاه في مزبلة نتنة للبقر كانت قربه. أخذ أبناء شبلي يهزأون بذاك الرجل

ويردّدون: " لم يحلُ له إلاّ الإهانة! وهذا جزاء مَن لا يُحسن القول والفعل".

لكنّ الشابّ المهان بالجسد والكرامة أخذ يصرخ بأعلى صوته. فتوافد مجموعة من شبّان البلدة إلى تلك المحلّة، ويحمل كلّ منهم ما تيسّر له في طريقه من سلاح الفلاّحين آنذاك. فهذا يرفع رفشاً وذاك معولاً، هذا عصا وآخر حجراً، إلى أن التحم الشبّان في معركة طاحنة لم يكن يتوقّعها أحد. لقد وقع أبناء شبلي داغر في ورطة كبيرة وما عليهم سوى النجاة بأنفسهم.

إذ ذاك لعبتْ عصا أسعد لعبها في رؤوس المهاجمين وعلى أكتافهم. كما أنّ ملحم ونعمه وإبراهيم أخذوا يباغتون مهاجميهم وينتزعون منهم الرفوش والمعاول ويرمونها على المزبلة ليأمنوا شرّها، إذ أنهم ما كانوا يودّون أذيّة أحد، بل همّهم ردّ الأذى عنهم ومن ثمّ الخلاص من المعركة سالمين.

ولما استمرّت المعركة لبعض الوقت، وصل أحد مشايخ تلك البلدة، وكان رزيناً محترماً، ويقدّر الرجال الأشدّاء. فصرخ بمواطنيه للكفّ عن القتال. فهدأت المعركة حالاً، وتقدّم الشيخ من أولئك الفتيان الغرباء الذين برهنوا عن رجولة فائقة التصوّر في الدفاع عن أنفسهم، وقال لهم:

"حقًّا إنّكم لشرفاء! ولو لم تكونوا كذلك لقضيتم على أبناء بلدتي هؤلاء جميعاً. وقد راقبتكم من بعيد، وعرفت أنّكم تقاتلون مُحرَجين ودفاعاً عن أنفسكم. لذا عفا الله عمّا مضى. وإني أسألكم عن حاجتكم".

فقالوا: "قمحاً".

فأمر بمَلء أحمال دوابهم دون أن يدفعوا الثمن رغم ما كان للقمح أيّام الجوع من أهميّة واعتبار.

وعاد أبناء شبلي إلى بلدتهم يتحدّثون بأمر تلك المعركة، التي نجَوا منها سالمين رغم كثرة عدد أولئك المهاجمين، مكبرين شهامة وحلم ذاك الشيخ الجليل الذي عمل على إطفاء نار المعركة قبل تفاقم الأمور.

# قصّتُهم والضبع

روى لي مرّة نعمه داغر، أحد أبناء شبلي الوارد ذكره في مدخل الكتاب، خبراً مثيراً عن إخوته والضبع. لكنّي لم أدوّن الخبر في حينه مفصّلاً، تاركاً أمره إلى وقت آخر. وقد فاتني ذاك الوقت، وفاتني بذلك بعض دقائق الخبر.

لكنّي وقد أذكر القصّة بخطوطها العريضة، سأحاول أن أروي منها ما بقي عالقاً في ذهني، وعذراً عن عدم الدقّة، فالعتب على الذاكرة:

كان أحد أبناء شبلي، ولا أذكر مَن هو، على أحد البيادر في "ضهر المغارة". والبيادر كانت بعيدة قليلاً عن البلدة، وتشرف على وادي "بعاصير". فرأى ضبعاً تقترب منه قاصدة المواشي حوله. فما كان منه إلاّ أن أسرع إلى إحدى بقراته وانتزع من عنقها الرباط و"الأبليمة"، وهذه كناية عن شبكة حديديّة نصف كرويّة تكمّ فم الحيوان لتمنعه من الأكل أثناء العمل في الزرع أو في أعمال الدراسة. فدنا هذا من الضبع متسلّلاً من ورائها، محتالاً عليها، والضباع لا تستطيع الالتفات إلى الوراء ما لم تدرْ بكاملها، هذا على ذمّة الرواة.

وبسرعةٍ قيّد فم الضبع بالأبليمة ليتحاشى أذاها، ثمّ ربطها في عنقها واعتلى ظهرها وساقها إلى البلدة كما تُساق الدابّة. هذا والضبع لم تبدِ أيّة مقاومة تُذكر، بل كانت هادئة مطيعة.

وما إن وصل هذا "الفارس الغريب" إلى الضيعة حتى تنادى إخوته مدهوشين، وتحلّقوا كلّهم حول هذا الحيوان الضاري أمام بيت قديم هو اليوم لحَفَدة كنعان شقيقهم، غير مصدّقين ما فعل أخوهم، إلى أن تأكّدوا أنّ هذه ضبع حقًّا. ربطوا الضبع إلى أحد الأعمدة هناك، وأخذوا يتشاورون فيما يمكن فعله بهذا الحيوان المفترس.

أخذ كلّ منهم يبدي رأيه بالموضوع. فاقترح أحدهم أن يُضرب رأسها بالعصا حتى تموت، بينما رأى آخر أن يُطلَق عليها الرصاص. إلى أن تمّ الرأي أخيراً على سلخ جلدها وهي حيّة.

رمَوا الضبع أرضاً وقيّدوا قوائمها جيداً وكمّوا فمها. وأمسك بعضهم بذيلها والبعض الآخر بأطرافها. أمّا نعمه فقد جاء بمذراة خشبيّة ذات إصبعين طويلتين، وتُسمّى "العتراة" فأحكمها على رقبة الضبع حتى يمنعها من تحريك رأسها. ثم أخذ اثنان منهم يسلخان جلد تلك الفريسة حيّة وهي تزأر وتتوعّد، دون معين، إلى أن تعرّت من كامل جلدها.

همّ نعمه إذ ذاك بنزع "العتراة" من على رقبة الضبع لينقلها إلى الأمام قليلاً، وتنتهي بذلك عملية السلخ تلك.

وبسرعة خاطفة لطمت الضبع رأسها برجل نعمه لطمة مَن عضّه الألم وبرّحته الجراح، فجاءت اللطمة على حذاء جلدي سميك كان نعمه ينتعله. فلم تتأثر رجله كثيراً من جرّاء ذلك. فترك "العتراة" وابتعد ثمّ تبعه إخوته، وتركوا الضبع وشأنها وهم يراقبون.

حاولت الضبع الوقوف وهي تعوي وتصرخ وتهدّد، إلى أن استطاعت أخيراً إلى ذلك سبيلاً. فمشت خطوات معدودة مُثقلة بالجراح كمَن يمشي إلى قبره، نازفة دمها، حاملة جلدها المسلوخ. ثم توقّفت وارتجفت رجفة الموت ووقعت أرضاً دون حراك.

# مزاحٌ بريء

كانت الطريق من جنوب لبنان إلى "المناصف" و"جسر القاضي" تمرّ عبر "الجيّة" و"ضهر المغارة"، مروراً بـ "الدبيّة" و"سرجبال"، اختصاراً للوقت والمسافة، فيما لو كانت عبر "جسر الدامور".

ذات يوم، وبينما كان شبلي داغر يرعى القطيع قريباً من معبر "الجيّة – ضهر المغارة"، مرّ به أربعة شبّان، وهم في طريقهم إلى بلدتهم "رمحالا" القريبة من "جسر القاضي"، عائدين من "صيدا" عاصمة الجنوب.

ولمّا كان الطقس حارًّا، حوّلوا دربهم على شبلي ليرتاحوا قليلاً من عناء السير، ويرووا ظمأهم ممّا لدى هذا الراعي من ماء وشراب. فاستقبلهم شبلي أحسن استقبال وحلب لهم بعض الشياه وسقاهم حليباً طازجاً، ثمّ مياهاً باردة كان يحتفظ بها في مطرته المعلّقة بأغصان الشجر.

وبعد أن سعدوا بعض الهنيهات بهذه القيلولة، وارتاحوا قليلاً من عناء السير، وارتووا بالحليب الطازج والماء الزلال، همّوا باستئناف رحلتهم علّهم يدركون بلدتهم قبل حلول الظلام.

شكروا شبلي على كرمه وحسن ضيافته، وجدّوا السير عبر تلك الدروب المعروفة آنذاك.

وما إن ابتعدوا قليلاً حتى ناداهم شبلي قائلاً:

"ستمرّون بعد حين بأولاد هناك يرعون الأبقار. فإيّاكم أن تخيفوهم أو أن تثيروهم. فإن فعلتم أتاكم الشبّان بالويل والثبور، والعاقبة الوخيمة".

فطمأنوه ومضوا في سبيلهم.

وكما قال لهم ذاك الراعي المضياف، فقد مرّوا "بالأولاد" وهم يرعون البقر وبعض الجداء. فأحبّوا أن يتظاهروا بمحاولة سرقة البقرات ليروا ردّة فعل أولئك الرعيان الصغار. و لم يكن هناك إلاّ الصغيران: إبراهيم، ونعمه.

أطبق هؤلاء الأربعة على القطيع من كلّ جانب وأخذوا يتنادون بتضييق الخناق على البقرات، ويهدّدون الصغيرين كما لو كانوا حقًّا من اللصوص المحترفين.

إستطار الولدان رعباً وهلعاً، وأخذا يصرخان صرخات الاستغاثة والنجدة، لعلّ إخوتهما المنتشرين في الحقول يسمعون فيوافونهما. وكانت الأمّ أوّل من سمعت النداء، وربما كانت الأقرب إليهما، فخرجت إلى سطح الأقبية قرب العليّة المشرفة على الحقول ونادت أولادها هنا وهناك، ليسارعوا إلى نجدة أخويهم حيث سطا عليهما بعض اللصوص.

فسمع جرجس ونادى كنعان، وهذا نادى ملحم إلى أن تنادوا جميعاً وكانوا ستّة. فأتوا مسرعين لمعرفة الخبر ونجدة الصغيرَين والاقتصاص من "اللصوص الماكرين".

وكان جرجس أوّل الواصلين. فأخذ أحد الشبّان "اللصوص" يهدّئ من روعه، ويطلب منه أن يعطيه الفرصة الكافية ليروي له ما كانوا يقصدون.

ولّما كان جرجس هادئ الطباع، ليّن الأخلاق، بارد الأعصاب، جلس يستمع إلى محدّثه بتروّ وهدوء. أمّا إخوته، ومنذ وصولهم، فقد بدأوا يكيلون لهؤلاء المساكين الضربات واللكمات، حتى أثخنتهم الجراح، ووقعوا جميعاً أرضاً يتخبّطون بدمائهم.

وإذ هم كذلك، رأوا أخيراً أخاهم جرجس ما يزال يستمع إلى محدّثه برويّة واهتمام. فاغتاظوا غضباً من أخيهم ونال بالتالي ذاك المحدّث اللبق ما استحقّ من الإخوة الغاضبين من عصيّ ولطمات.

وما إن انتهت المعركة حتى كان شبلي قد وصل، ورأى ضيوفه الأربعة والدم يسيل من جباههم وأجسادهم. فوبّخ أولاده على فعلهم، وقال لهم بأنه كان عليهم أن يتروّوا قبل أذيّة هؤلاء الضيوف الذين مرّوا به منذ لحظات فأكرمهم وأطعمهم.

بعد ذلك، رافقهم شبلي إلى البيت، فضمّد جراحهم وطيّب خواطرهم ولامهم على عدم الاكتراث لنصيحته. ثم استبقاهم بضيافته تلك الليلة وغادروا صباحاً شاكرين.

# كنعان وابن الدوير

كان كنعان وأولاده يوماً يعملون في الأرض في "خلّة المغارة" قرب مغارة "الجيّة". فهذا يقتلع البلاّن والقندول، وذاك ينزع الحجارة من درب المحراث. هذا يحمل الجراب ويبذر الحبوب هنا وهناك، وآخر يمسك بالمحراث ويقود الفدّان عبر الشعاب الضيّقة، حيث التراب قليل والعمل شاقّ.

وبينما هم كذلك، وكأنّهم خليّة نحل لا يعرفون الهدوء والراحة، مرّ بهم رجل في مقتبل العمر، قويّ البنية متينها، فطلب من الفعَلة عملاً يقتات من جرّائه، ويكون له السبيل لعيش كريم.

ولّما كان الزرع كثيراً والفعلة قليلين، طلبوا منه أن يحمل المعول فوراً ويبدأ العمل وراء الفدّان، فينكش ما يخطئه المحراث عند المنعطفات وبين الصخور.

حمل العامل الجديد المعول وبدأ العمل. فبدا كأنّه غير قادر على رفع المعول إلى فوق رأسه، فكيف به أن ينكش التراب ويدفن الحبوب المبعثرة.

لقد حاول "المسكين" أن يعمل، ولكنّ عمله جاء فاتراً ودون جدوى. لقد بدا ركيكاً خاملاً بليداً، وقد اعترى وجهه الشحوب والاصفرار.

ولّما سأله أحدهم عمّا به أجابه: "وهل يقف كيس الخيش إن فرغ؟ فقال كنعان لأولاده: "دعوه! وأحضروا له طعاماً. إنّه جائع".

فأكل حتى الشبع وشرب حتى الارتواء. ثمّ سألوه عن بلدته. فقال إنّه من "الدوير". ولّما سُئِل عن أمره قال: "لقد مشيت طويلاً أبحث عن عمل. فتعبت من المشي وجعت من التعب، والتعب والجوع حالا دون قيامي بما أوكلتموني عمله".

ولما همّ باستئناف "نشاطه" حمل المعول واتّكأ على عصا وشرد في التفكير. فسأله

كنعان إذ ذاك عمّا به فقال له: "وهل كيس الخيش هذا يمكن طيّه إن مُلئ؟".

عندها حمل كنعان المهماز، وهو قضيب طويل أقيم في طرفه منخز يثير به الفلاح فدّانه ويعرفه العامّة بـ "المسّاس"، ولحق به مهدّداً قائلاً له: "إنّ كيس الخيش لا يقف فارغاً ولا يُطوى مليئاً، فكيف العمل به إذن؟ دويرك! دويرك!".

فولّى العامل المسكين هارباً أمامه يفتّش عن عمل آخر، أو ربّما عن وجبة طعام أخرى.

# لغة الأبقار

كان أبناء شبلي وحبيب يرعون أبقارهم ودوابّهم يوماً في الحقول، وبعضهم الآخر يرعى قطعان الغنم والمَعز هناك؟

وكانت أغانيهم تملأ الأجواء طرباً فتتصاعد المواويل من هنا وهناك لتمتزج بألحان الناي والقصب، وتحكي هدوء البال وقناعة العيش عند الفلاحين. كيف لا؟ وقد أكلوا من الأرض العافية وشربوا منها الطمأنينة والسلام.

وبينما هم كذلك، سمعوا صوتاً غريباً كأنّه خوار لم يعهدوه من قبل. تُرى ما هذا الصوت؟ إنّه صادر من بعيد! ومن ناحية "الجيّة" غرباً. وما هي إلاّ لحظات حتى رأى كلّ منهم أبقاره تترك ما هي فيه من مرعى خصيب، وتهمّ بالركض متّجهة نحو مصدر الصوت هناك، مُمعنة في الخوار لتلقى بقرات أخرى وتذهب كلّها في اتّجاه واحد. وكأنّ الصوت قد ناداها فتركت كلّ شيء ولبّت النداء.

توافدت الأبقار من كلّ صوت هناك. وارتفع خوارها وكأنّها في مسيرة تحرير، أو في مظاهرة احتجاج.

ترك الرعيان قطعانهم هناك ولحقوا بأبقارهم ليردعوها عن غيّها، وحتى لا تذهب بعيداً في "مسيرتها التحريرية" تلك، وتقع الخسارة عليها وعليهم. وصلوا أخيراً إلى محلّة هناك وشاهدوا الأبقار كلّها وقد تحلّقت حول أجمة شائكة علا فيها الهشيم والشجر، وتحاول متردّدة أن تقتحم ما اختبأ فيها، مهدّدة متوعّدة.

ولّما تقدّم الرعيان من هذه الأجمة الغضّة لاكتشاف ما توارى في ظلالها، قفز منها وحش بريّ ضار وكأنّه ذئب أو فهد، وولّى من هناك ناجياً بنفسه، حامداً على سلامته من قرون الثيران العاتية.

تُرى هل للأبقار لغتها الخاصَّة؟

# الثورُ الثائِر

كان لملحم بن شبلي داغر ثور مكتنز اللحم، غليظ الألواح، شرس الطباع. كثرت فيه المساوئ وقبحت العادات. حتى إذا ثار وهاج، قطع وثاقه وهام على وجهه في الحقول. لا يدع أحداً يقترب منه إلاّ ويلقى من قرنيه الصلبين ما يجعله يندم على مغامرته معه.

وحدث مرّة أن قامت قيامة ذاك الثور العجيب. فترك الحظيرة وأخذ يركض في الحقول، ويقفز الحيطان العالية، محتفلاً بحريّته، فخوراً بصلابة عضلاته. وملحم يتعقّبه من مدرج إلى آخر، مهدّئاً من روعه، محاولاً تغيير وجهة سيره إلى إحدى الممرات الضيّقة وغير النافذة، علّه يقبض عليه ويقتصّ منه.

وصدف أن مرّ الثور بين أشجار من الزيتون، كان يوسف بن بشاره شقيق ملحم يعمل على حرثها. فصرخ به ملحم علّه يعينه على تأديب ذاك الثور العاصي ويكبح جماحه. فما كان من يوسف، وهو الشاب المقدام، الممتلئ جرأة ومروءة، إلاّ وترك فدّانه واتّجه نحو الثور الهائج ليصبّ عليه جام غضبه. إعترض يوسف طريق الثور واستطاع بقبضته الثابتة أن يُمسكه بإحدى أذنيه. لكنّ الثور لم يتوقّف بل ولّى هارباً والشرر يتطاير من عينيه، بينما بقيت أذنه في قبضة يوسف. ولمّا لامه عمّه على إخفاقه في الإمساك به، رمى إذ ذاك بأذن الثور أرضاً وقال ضاحكاً: "هذا كلّ ما بقي لنا منه يا عمّي!".

# ملحم والتحدِّي

كان ملحم بن شبلي داغر كأبيه من الرجال الرجال في الإقدام والشجاعة وقوّة البنية، كما تميّز بالحزم في كلّ الأمور، والتحلّي بالمناقبيّة الحميدة. ذات يوم، وبينما كان ولداه الأكبران نجيب وأديب، وهما لا يزالان يافعين، يرعيان بعض الأبقار في بعض الحقول المتاخمة لبلدة "الجيّة"، غفلا عن مراقبة القطيع وشردت بعض البقرات لتعيث في مزروعات الجيران إفساداً وتخريباً، فتورعها وتقضم نبتاتها الفتيّة النديّة، ممّا أثار غضب أصحابها الذين راحوا يهدّدون الراعيَين الصغيرين بالويل والثبور، وينذورنهما بأشدّ العقاب لسوء تدبيرهما. فعاد نجيب وأديب إلى البيت باكراً يومذاك ليشكيا أمرهما إلى والدهما. وإذ رأى ملحم ما أصاب ولديه من وجل وخوف من جراء تهديد ووعيد أبناء "الجيّة" لهما، صعب عليه أن يُهان ولداه وهو حيّ يُرزق، وأن يُقدِمَ أحدهم أحياناً على تهديد أولاد صغار لا حول لهم ولا قوّة، ويُمعِن في المسّ بكرامتهم وكرامة أهليهم، ضارباً عرض الحائط بالمُثُل والقيم الأخلاقيّة والإنسانيّة.

لذا أبى ملحم هذا التحدّي؛ وحمل عصاه وانطلق مهرولاً بين الحقول والأشجار قاصداً "الجيّة". غير مكترث لنصائح إخوته أو بما يمكن أن يعترضه من متاعب في أمره.

وصل "الجيّة" وتوقّف هناك قرب جسر "نهر بعاصير" وصرخ بأهالي "الجيّة" قائلاً: "يا أهالي "الجيّة"! مَن أراد تحدّي ملحم شبلي فأنا هنا في انتظاره. لا ولن أسمح لكم أن تتمرجلوا على أولاد صغار، أو تهينوهم وتهينوا أهاليهم لذنب بسيط اقترفوه من غير قصد. أنا هنا لأقبل التحدّي ومَن له شاربان فليتقدّم".

مرّ بعض الوقت وملحم يكرّر تهديداته، متوقّعاً قدوم أحدهم أو أحد أصحاب العلاقة، ولكن دون جدوى. إلى أن انبرى أخيراً أحد أبناء "الجيّة" القاطنين هناك في

المحلّة، وكان كبير السنّ وقوراً، فتقدّم من ملحم مهدّئاً من روعه مخفّفاً من حنقه وفورة غضبه. فقال له ملحم إذ ذاك وبصوت عال:

"مَن أهان ابنك فقد أهانك أنت. ومَن احترم الصغير احترمه الكبير. وكان على من هدّد أولادي وأرعبهم أن يطالبني شخصياً بتعويضه الخسارة التي لحقت به، قبل لجوئه إلى العنف وسلوك الطريق المظلمة".

ولمّا عاد ملحم مساءً إلى البيت إذا بشخصين من أبناء "الجيّة" يدقّان بابه معتذرين عمّا بدر منهما نحو ولدَيه، رافضَين أيّ تعويض عن خسارتهما في المزروعات.

# نِعمِه ودابّتُه

إبّان الحرب العالميّة الثانية، تعرّضت "ضهر المغارة"، كغيرها من قرى ساحل الإقليم، لغزو العساكر الأجنبيّة، ممّا جعل أبناءها ينزحون إلى بعض الأماكن الهادئة طلباً للسلامة والهدوء. فنزح القسم الأكبر من "ضهر المغارة" إلى بلدة "المغيريّة" في الشوف حيث استضافهم أهل البلدة من "آل داغر"، و"آل ضومط"، وقدّموا إليهم كلّ ما يحتاجون من مأوى وغذاء. إلى أن عادوا بعد اثني عشر يوماً إلى قريتهم، وقد ماتت أو فُقدت أكثريّة مواشيهم جوعاً أو عطشاً أو نهباً.

وقد حدّثني نعمه بن شبلي عمّا جرى معه حينذاك بعد عودته إلى منزله في "ضهر المغارة"، وقد جلت عنها العساكر الغازية تلك فقال:

"عدت يومذاك إلى قريتي وممتلكاتي فوجدت بيتي مفتوح الأبواب، وريش الدجاج المنتوف يملأ المكان. ودابّتي ما تزال مربوطة إلى جذع شجرة من التوت قرب سطح البئر، وقد باتت جلدة على عظمة كما يقال. فقد أكلت كلّ ما استطاعت أن تناله من أغصان التوتة ومن قشور جذوعها وراحت تنتظر الفرج أو الموت جوعاً وعطشاً، مكبّلة ذليلة منهوكة.

أسرعت إليها علّني أُنعش ما تبقّى فيها من رمق حياة؛ وأخذت دلواً هناك وأدليته في البئر، وأخذت أملأ الجرن إلى جذع شجرة التوت تلك. فلا الجرن امتلأ ولا الدابّة ارتوت. إذ لم يكن لعطشها المزمن من ارتواء. إلى أن انتفخ أخيراً بطن الدابّة انتفاخاً ملحوظاً وهي ما زالت تعبّ الماء عبًّا.

لم تكفّ الدابّة عن الشرب، و لم أكفّ أنا عن إسقائها، إلى أن سقطت أرضاً دون حراك وقد انفجر بطنها كجرّة فخّار تشقّقت وسال ما فيها. عندها أحسست أنّي تصرّفت خطأً في معالجة أمر تلك الدابّة العطشى.

ولكن ما العمل؟ فقد حدث ما حدث؛ والإنسان عدوّ ما يجهل؛ ولقد سبق السيف العذْل".

# حَشوةٌ غَريبة

استضاف أحدهم يوماً ملحم بن شبلي داغر، فأكرمه وأطعمه ممّا كانت ربّة البيت قد حضّرت من طعام. وكان كناية عن برغل مطبوخ مع الفلفل والبندورة. فأكل الضيف مريئاً حتى التخمة ثم شرب إبريق ماء يُطفئ به غليله. ولكنّه سرعان ما أحسّ بالعطش ثانية فشرب من جديد. وكان يشعر بأنّ معدته قد حُشِرت كثيراً. وباتت تنتفخ وتنذر بالويل، فيشرب ويشرب، لعلّ الماء يطفئ لهيبه الداخلي ويخفّف من حدّته. ولكن أنّى له ذلك وهو "كمَن يستجير من الرمضاء بالنار".

ولمّا ضاق بنفسه ذرعاً خرج إلى بعض الحقول هناك يسرّح عن ضيقه. وبينما هو كذلك، رأى بعض الشبّان ينقبون الأرض ويستصلحونها، فعرّج عليهم ينسى بهم آلامه، أو علّهم ينصحونه بما يلزم فعله. فرآهم يعالجون صخرة كبيرة ويحاولون جعل حفرة فيها بوساطة إزميل حادّ ومطرقة. ولمّا سألهم عمّا يفعلون قيل له بأنّهم يودّون حشو الحفرة بالبارود حيث يشعلونه فتنفجر الصخرة وتتفتّت. فضحك صاحبنا ملء شدقيه وطالت قهقهته، إلى أن تمالك نفسه أخيراً وضبط أموره وقال لهم: "أُحشوه بالبرغل واسقوه ماءً ولن يلبث طويلاً لينفجر".

تُرى لو علم نوبل بقوّة البرغل أكان قد استعاض به عن البارود، أو صرف النظر عن جائزة سلامه المعهودة؟

# حرامي

بعد أن باتت أملاك شبلي داغر شاسعة وتتطلّب الكثير من أعمال الحرث والزرع، أصبح لديه، في "ضهر المغارة"، بعض من المزارعين يقومون، إلى جانب أولاده، في أعمال الأرض هذه ورعي المواشي.

ومن هؤلاء المزارعين كان المدعو إبراهيم شاكر الحدّاد، من بلدة "بسابا" الشوفيّة. وكان قصير القامة، هزيلها. وقد اشتهر بسرعة العدوِ وخفّته وبقبضتيه المتينتين، حتى أنّه إن أمسك بهما شيئاً كانتا كفكّي كمّاشة.

وصدف مرّة أن كان شبلي داغر وأولاده وإبراهيم هذا في سهرة عند ملحم، وقد امتدّت حتى منتصف الليل. وبينما هم في هرج ومرج، يتسامرون ويتطارحون "الحزازير" و"الكعّيوات"، إذ سمعوا فجأة نباح الكلب، حارس القطيع في الحظيرة قرب الدار. فهبّوا كلّهم متدافعين كالسيل إلى الخارج ليروا ما الخبر. فإذا بإبراهيم أوّل من رأى رجلاً يقفز من داخل الحظيرة وَجِلاً ويهمّ بالفرار. فصرخ به وقال: "حرامي، حرامي!".

واندفع الجميع يلهثون وراء ذاك "الحرامي"، ويقفزون الحيطان، ويعبرون حواجز القندول والبلاّن، وصراخهم يملأ الحقول. وكان إبراهيم يعدو في المقدّمة، خارقاً جدار العتمة التي ابتلعت ذاك اللص اللعين. وفيما هو يقفز أحد الحيطان، إذا به يقع على ذلك اللصّ المسكين الذي اتّخذ من ذاك الحائط مأمناً له. فأمسكه بقبضتيه المتينتين وصرخ برفاقه فوافوه حالاً. وعبثاً حاول المسكين الإفلات، ولكن من أين له ذلك وقد وقع بين قبضتين لا تُفتحان إلاّ عند الحاجة.

وكان اللصّ بدويًّا غريباً. ونال ما استحقّ من عقاب أصدرته "محكمة" هؤلاء الفلاّحين.

# حِسنُ تَصَرُّف

كلّنا يعرف ما كان للزيتون من أهميّة ومنزلة عند الأقدمين. فغصن الزيتون بات رمزاً للسلام مذ حملته حمامة نوح من الأرض إلى السفينة تبشّر به نهاية الغضب الإلهيّ وبدء عهدٍ جديدٍ "من الرجاء الصالح لبني البشر".

حبوب الزيتون حبوب البركة تُدعى. وشجرة الزيتون شجرة الأرامل تُسمّى. تقاوم قساوة الطبيعة وضراوتها بعناد وتصميم لتحفظ في أحشائها الخير والنِعم، عرفاناً بالجميل لذاك الفلاّح الذي يتعهّدها كأبنائه، ويشملها برعايته وعنايته كجزء عزيز عليه. وإن شحّت الأرض يوماً تبقَ الزيتونة الرجاء الوحيد الذي تُعقد عليه الآمال الكثيرة.

من هنا نرى أنّ الزيتونة قد رافقت أجدادنا الأوّلين مذ كانوا في البراري والحقول، ثمّ ما لبثوا أن بدأوا يستصلحون لها المدارج والشعاب لتزيد في الانتاج ودفق الغلال.

وكان أبناء شبلي داغر من أولئك الرجال الذين أخذوا يبحثون أينما كان عن شجيرات الزيتون المنتشرة في الحقول، لزرعها في حقولهم ومنحدرات أوديتهم أملاً بموسم مبارك من حبوب الشبَع والزيت المقدّس.

وقد ذهب بعضهم ذات يوم إلى إحدى الحقول بين بلدات "المشرف"، و"كليليه"، و"دقّون"، مزوّدين بالفؤوس والمناجل والسكاكين. فالمقصّات الزراعيّة لم يكن لهم عهد بها آنذاك. وإذ هم يقتطعون من جذوع أشجار الزيتون الهرمة والمهملة بعضاً من أصولها، أو بعضاً من فروعها البريّة النابتة حولها ليحملوها إلى أراضيهم، وبينما هم في هرج ومرج ويتنادون بأصوات عالية إذا ما حظوا ببعض مجموعات من جذوع تلك الأشجار، إذا بهم يسمعون نداء أحد الرعيان في المنحدر المقابل يستفسر عمّا يفعلون هناك. وعبثاً حاولوا أن يشرحوا له ما بهم وما هم عليه. فيجيبون ولا يسمع. ويرفعون الصوت عالياً ولا يكفّ ذاك عن السؤال. فيهدّد ويتوعّد وهم أمرَه جاهلون،

إلى أن صرخ به أحدهم طالباً أن يكفّ عن نداءاته أو يلجأ إلى استعمال العنف معه. ولسوء حظّ هؤلاء الأشقّاء فقد سمع المعّاز ذاك التهديد، وأبى إلاّ أن ينتقم لكرامته وعزّة نفسه التي أُهينت على أيدي شبّان رعاع لا عهد له بمعرفتهم من قبل. فألقى عصاه إلى كتفه وجمع راحتيه إلى فمه مُطلقاً أصوات النجدة إلى الضيعة المقابلة، حيث تنادى هناك الشبّان الغيورون إلى "الجهاد" في سبيل الكرامة المهدورة. وزحف بعضهم باتّجاه مُطلق الصوت، ذاك الذي لم ينتظر وصول النجدة إليه، بل حثّ الخطى متسارعاً نحو أولئك الأغراب علّه يشفي غليله وينتقم لنفسه منهم قبل الآخرين.

إحتار أبناء شبلي بأمر ذاك الذي أوقعهم في خيار صعب، جالباً لهم مشاكل هم بغنى عنها، مع أنّهم لم يخافوا يوماً تجربة حَرِجة أو تورّعوا عن اقتحام المصاعب إذا ما كُتبت لهم.

وما إن وصل صاحبنا "المهان" إلى صخرة بالقرب من شجرة زيتون كان أبناء شبلي يستظلّونها حتى انبرى أحدهم وهو مسعود، المشهور بحنكته وحسن تصرّفه في الأوقات الصعبة، وقال له بصوت عالٍ ورزين: "ولماذا عذّبت نفسك بالمجيء إلينا في مثل هذا الجوّ الخانق ونحن إليك قادمون كما كنّا نقول لك، فنتشرّف بمعرفتك ونأنس معاً بقيلولة طيّبة؟".

نزل كلام مسعود على ذاك الرجل نزول الماء على النار. فخمدت فورته وعاد إلى نفسه متسائلاً: "تُرى هل أخطأت السمع حتى أخطأت الظنّ بهؤلاء الطيّبين؟". وسرعان ما أخذ المبادرة وحيّاهم مرحّباً. ثمّ نادى ملبّي دعوته القادمين إليه، طالباً منهم تبديل وجهة سيرهم والعودة إلى الضيعة لأنّه قد لاقى بهؤلاء إخوة لا أعداء. وأخذ المعّاز فيما بعد يرشد الأشقّاء على أماكن وجود ما يطلبون وما هم إليه ساعون. وعاد أدراجه فيما بعد إلى قطيعه شاكراً.

# كلِمةٌ ومُبادَرة

كان لنعمه بن شبلي داغر بستان صغير في محلّة "العتَيقة" يقع إلى جانب "نهر الدامور" مباشرة. وكان قد زرعه بصلاً في أحد المواسم، واعتنى به مع ولده خليل كلّ العناية، حتى أضحى يحبل بإنتاج وفير من البصل، ممّا لفت الأنظار وجعل الجميع يتحدّثون بأمر ذاك الموسم "البصليّ" المرتقب.

وذات ليلة من نيسان وقد اجتمع معظم أهالي البلدة إلى سهرة عائليّة عند نعمه، والطقس ممطر، خلافاً للعادة في مثل تلك الأيّام الربيعيّة، إذا بالساهرين يأتون على ذكر جلّ البصل ومدى صحّة نبتاته ونموّها بالمقارنة مع مزروعات أخرى في أماكن شتّى. ممّا دفع أحدهم وهو داغر بن كنعان إلى أن يعرض على خليل بقرةً حلوباً لقاء موسم البصل من البستان. فوافق خليل على العرض. ولمّا انصرف الجميع من السهرة تلك، إذا بداغر يأتي بالبقرة توًّا إلى قبو خليل كي يُثبت حسن نيّته في تنفيذ الاتّفاق.

وإلى أن زالت العاصفة وصفتْ صفحة السماء بعد بضعة أيّام من المطر الغزير المتواصل، راح داغر يلقي نظرة على البستان والغلّة العتيدة. ولشدّة ما كانت دهشته إذ لم يرَ أثراً للبصل ولا للبستان! فقد علتْ مياه النهر "وجرف السيل الزبى"، وابتلع حيطان البستان وأتربته وبصله. وما بقي منه بات خراباً وعراً. فعاد داغر إلى الضيعة خائباً، نادماً في قرارة نفسه على ذاك الاتّفاق مع ابن عمّه، ولكنّه وقد قال كلمته لن يستعيدها مهما كان الثمن غالياً. فلم يُخبر أحداً بالأمر إلى أن رأى في اليوم التالي ابن عمّه خليل يُمسك برباط البقرة موضوع المساومة ويعيدها إليه قائلاً: "هذه بقرتك يا ابن العم، فالنهر قد حوّل دربه عليّ لا عليك". ومضى.

# مَعاصِرُ الدبس

منطقة "إقليم الخروب" هي منطقة تنبت فيها أشجار الخرنوب بطريقة عشوائيّة، وتنتشر تلقائيًّا في الحقول دون تنسيق. وقلّما نجد بلدة في الإقليم تخلو من معصرة لصناعة دبس الخرنوب.

وصناعة الدبس هذه تتطلّب جهداً كبيراً وعملاً متواصلاً. فيُدرس الخرنوب تحت ضغط دولاب كبير من الحجر يدور على الأثمار الخشبيّة الدكناء بوساطة فدّان من البقر أو الدوابّ. ثمّ يُنقل الثمر المطحون وينقع بالماء عدّة أيّام ليُصفّى نقيعه، ويُغلى بالنار إلى أن يصير دبساً شهيًّا تعلوه الرغوة ويسيل له اللعاب. وقد كان في "ضهر المغارة" آنذاك ثلاث معاصر للدبس: إثنان منها لملحم وإبراهيم، ولدَي شبلي داغر، والثالثة لابن عمهما عبدالله بن حبيب. وما زالت هذه الأخيرة قائمة حتى اليوم ويديرها إدمون بن نجيب عبدالله داغر.

وقد قُطعت حجارة هذه المعاصر من وادي "عينبال" في الشوف فتُهذّب لتصبح كلّ منها بشكل دولاب حجريّ كبير يُثقب عند مركز دائرته ثمّ يُجعل فيه جذع شجرة متين يستعان به على دحرجة الدولاب الحجري. وبهذه الطريقة البدائيّة كانت تُنقل دواليب المعاصر من أسفل الوادي في "عينبال" إلى "ضهر المغارة". ولا يُخفى ما يتطلّب هذا العمل من مشقّة في زمن لم تكن فيه وسائل النقل الحديثة متوفّرة بعد.

وفيما كان أديب ونجيب ابني ملحم منهمكَين يوماً في أعمال المعصرة، شاكيَين زحمة العمل وضوضائه، سمعا أحد المارّة على الدرب قربهم يُطلق "المواويل" هائناً بما وهبه الله من صوت وعافية، فقال أحدهما للآخر: "أنظر ذاك الرجل ما أسعده إنّه يغنّي حبّه وهواه. ونحن لا نملك الوقت الكافي حتى لنأكل". فقال له أخوه: "دعه يغنّي يا أخي! فهو طبعاً لا يملك معصرة".

# شِبلي داغر الحفيد

كان شبلي بن ملحم قد ورث عن أبيه وعن جدّه شبلي قوّة الساعدين وصلابة العود. فصحّ به القول: "إنّ هذا الشبل من ذاك الأسد"، وكذا كان معظم الأحفاد. لكن شبلي الحفيد قد اشتهر بقبضتيه المتينتين وساعديه المفتولين، حتى أنّه كلّما تنادى الشبّان حول جرن صَعُبَ رفعُهُ إلى فوق كان شبلي أوَّل مَن يختبره وأوّل مَن يرفعه بزنده، وإلاّ فالتعامل مع هكذا جرن مستحيل.

وهذا ما حدث فعلاً، إذ كان شبلي عائداً إلى بيته يوماً، مارًّا بمحلّة "السعديّات"، وكان هناك أناس كثيرون في عرس. وكان ذوو العريس يحاولون عبثاً رفع جرن أقامه لهم ذوو العروس. ولن تغادر العروس بيت أبيها ما لم يَرفع ذوو عريسها الجرن المطلوب. فما كان من شبلي وقد دبّت فيه الحميّة والمروءة، إلاّ ونزل من على دابّته ورفع الجرن المعجزة. فنال بذلك إعجاب الجميع وإطراءهم، وغادرت العروس دار أبيها عزيزة كريمة.

كما أنّه حدث مرّة أن مرّ شبلي الحفيد قرب قناة للمياه في محلّة جسر "الدامور". فالتقى المدعو محمد حمزه من "بعاصير" وكان مزارعاً هناك. وكان محمد يملأ جراره من القناة. ولمّا سأله شبلي ليشرب، أراد أن يجرّبه لِما كان قد سمع عنه الكثير وعن قوّة ساعدَيه، فحمل جرّة كبيرة كان قد ملأها إلى فوق، وأمسكها بقبضة واحدة من على عنقها وقدّمها إلى شبلي باسطاً يده على مداها بشكل أفقيّ ملحوظ. تناول شبلي الجرّة بيد واحدة أيضاً كما أخذها وأمسكها من على عنقها وشرب منها مريئاً ثمّ أعادها إلى محمد كما أخذها منه. وهكذا نجح شبلي في الامتحان الذي أعدّه له محمد فنال تقديره واحترامه.

# أبناء حبيب داغر

بعد أن تعرّفنا إلى أبناء شبلي داغر وذكرنا بعض الأعمال التي قاموا بها نذكر فيما يلي لمحة عامّة عن أبناء شقيقه حبيب داغر وأحفاده زيادة في الإيضاح. أمّا عن زوجة حبيب فلم نستطع التعرّف إلى هويّتها بالضبط بعد غياب جميع أبنائها وعدم توفّر المعلومات بشأنها. لكنّ نعمه داغر ذكر لي أنّ اسمها "طريزة" ومن بلدة "الدبيّة". وقد جاء في كتاب "تاريخ أسرة داغر" للأرشمندريت يوحنّا داغر أنّ اسمها تريزيا درويش من "بقعون". وما طريزة إلاّ الاسم المحرّف لتريزيا. وقد رُزق حبيب صبيّين هما: عبدالله، ويوسف، وابنتين هما: قنوعة زوجة مخايل تقلا من "الدامور"؛ وهدى زوجة الياس إغناطيوس من "الدامور" أيضاً.

## ١. عبدالله حبيب داغر

تزوّج عبدالله من ورد الهاشم من "الدبيّة" ورُزق منها ثلاثة صبيان هم: نجيب، وعباس، وجرجس. فنجيب هو زوج فريدة سعيد داغر وقد رُزق منها ثمانية صبيان هم: عبدالله، وفؤاد، والياس، وأنطوان، وإدمون، وجورج، وكريم، ووليم[١١٨]؛ وثلاث بنات هنّ: سعاد زوجة مخايل ملحم داغر؛ وزباد زوجة طانيوس بشاره نخله من "عانا" البقاع؛ ونجلا زوجة بشاره القزّي من "الجيّة".

أمّا عبدالله بن نجيب فتزوّج من مهيبة سعيد داغر من "عقليه" ورُزق منها: إيلي، ويوسف، ونجيب، ومنى زوجة نبيل مخايل داغر؛ وتريز زوجة يوسف اسكندر داغر من "عقليه"؛ وجاكلين. وقد تزوّج إيلي بن عبدالله من لودي جرجس داغر ورُزق

---

١١٨    تزوج وليم من ليلى بستاني من "الدبية"، ورزق منها: جوليان.

منها: يوسف، ومايا[119]، وجورج. بينما تزوّج شقيقه نجيب من إيفون ديب القزّي من "الجيّة" ورُزق: نيكول، أنطوني، وساندرا.

أمّا فؤاد بن نجيب فتزوّج من جوليا إبراهيم داغر ورُزق منها: الياس، ويوسف، وجورج[120]، وجاندارك[121]، وهيام زوجة رفيق عادل داغر من "الدامور"؛ وإنعام زوجة أنطوان ناصيف من "الحدث"؛ وفادية زوجة صبحي جورج داغر؛ وآمال زوجة حكمت أسعد من "البرجين". وتزوّج الياس فؤاد داغر من سميرة أبي عبدالله من "الدامور" ورزق منها: فؤاد[122]، ورين[123]، وكريستيل[124]، وجويل[125]. بينما تزوّج شقيقه يوسف من ريتا رزق من "الدامور"[126].

أمّا الياس نجيب داغر فقد تزوّج من بسمه حليم المعلوف من "كفرقطرة" ورُزق: نجيب[127]، وصموئيل، وصونيا[128]، ونجوى[129]. لكنّ أنطوان بن نجيب تزوّج من

---

١١٩ تزوجت مايا من روبير شمعون من "سرعين التحتا" بعلبك.

١٢٠ تزوج جورج من عبير جوزف عباس داغر، ورزق منها: جوليا، وشربل، وتريزا، وبيتر.

١٢١ تزوجت جاندارك من الياس فرنسيس من "الدامور".

١٢٢ تزوج فؤاد من تريسي مدور من "عشقوت"، ورزق منها: كاتلين.

١٢٣ تزوجت رين من ريشار الياس عون من "الفاكهة" البقاع.

١٢٤ تزوجت كريستيل من إيليو حامية من "زيتون" جبيل.

١٢٥ تزوجت جويل من رمزي هرموش من "زحلة".

١٢٦ رزق منها: آلان الذي تزوج من مريم دنغا من "العراق" في أستراليا؛ وجولين التي تزوجت من مارون مخايل من "قنوبين" في أستراليا؛ وماري- جو.

١٢٧ تزوج نجيب من فيرا غروشيفاكغايا "أوكرانيا"، ورزق منها: نيكول، وأدريان، وكيرا، ويانا.

١٢٨ تزوجت صونيا من سامي فياض من "كفتون".

١٢٩ تزوجت نجوى من زياد حداد من "دمشق".

سهام جرجس داغر ورُزق منها: جهاد[١٣٠]، وعماد، وإياد، وماجدة، وميراي[١٣١]، ولينا زوجة بشارة طانيوس نخلة من "عانا البقاع".

أمّا إدمون نجيب داغر فقد تزوّج من أوديت توفيق داغر ورُزق منها: جرجس[١٣٢]، وألبير[١٣٣]، ولورين[١٣٤]، وجهان[١٣٥]. بينما تزوّج جورج نجيب داغر من ليلى حليم الجردي من "البرجين" ورُزق: ربيع[١٣٦]، وديانا[١٣٧]، وسهى[١٣٨]، وزينة[١٣٩].

أمّا عباس بن عبدالله حبيب فقد تزوّج من نزهة مسعود الهاشم من "عقليه" ورُزق: إدوار، ويوسف، وسمير؛ وستّ بنات هنّ: سميرة، وحنينة زوجة فريد سعيد داغر من "الدامور"؛ وسعدى زوجة سعيد خليل أبو رجيلي من "وادي بنحليه"؛ وجوزفين زوجة أنطوان زوين من "يحشوش"؛ وجورجيت زوجة رياض سبع عيد؛ وأدال زوجة أنيس الياس داغر. أمّا يوسف فقد تزوّج من لينده مخايل داغر ورُزق

---

١٣٠ تزوج جهاد من نانسي ناجي النجم من "مراح الحباس"، ورزق منها: أنطوان، وألكسندر.

١٣١ تزوجت ميراي من فادي خضر من "الأشرفية".

١٣٢ تزوج جرجس من ميرنا إدمون بو كرم من "سرعين"، ورزق منها: رودولف، وريكاردو، وجورج، ومانويلا التي تزوجت من إيلي ميشال مخايل من "دوق" البترون.

١٣٣ تزوج ألبير من نادين غالي من "الشياح"، ورزق منها: آندرو، ودايفد، وروبين.

١٣٤ تزوجت لورين من شادي شفيق راجحة من "ديردوريت".

١٣٥ تزوجت جهان من طوني يوسف شقير من "حراجل".

١٣٦ تزوج ربيع من ماريا أبو حيدر من "تل عباس"، ورزق منها: جورج، وكارلا، وصوفي.

١٣٧ تزوجت ديانا من كريستيان بو دامس من "بيت مري".

١٣٨ تزوجت سهى من رواد عيد من "مزرعة الضهر".

١٣٩ تزوجت زينة من كميل شماس من "بيروت".

منها: الياس[١٤٠]، وإدغار[١٤١]، ورانيه[١٤٢]، وداليه، وعبير[١٤٣]. وتزوّج أخوه سمير من وردة جرجس داغر ورُزق منها: داني[١٤٤]، وهادي، وهاله[١٤٥].

وقد تزوّج جرجس بن عبدالله حبيب من دلال جرجس داغر ورُزق منها ابناً واحداً هو: كمال؛ وأربع بنات هنّ: سهام، ونوال، ووردة، ولودي. فسهام تزوّجت من أنطوان نجيب داغر؛ ونوال من طوني يحشوشي من "يحشوش"؛ ووردة من سمير عباس داغر؛ ولودي من إيلي عبدالله داغر.

أمّا بنات عبدالله بن حبيب داغر الأربع فهنّ: طريزة زوجة نجيب لحّود من "وادي بنحليه"؛ وأملين المتزوّجة من بطرس لحّود شقيق نجيب من الوادي أيضاً؛ وسعدى التي تزوّجت من يوسف فارس الأسمر من "الدامور"؛ وفريدة زوجة جرجس حنا داغر من "الدامور".

### ٢. يوسف حبيب داغر

أمّا يوسف بن حبيب فقد تزوّج من فتينة إبراهيم داغر من "الدامور"، ورُزق منها ثلاثة صبيان هم: سعيد، والياس، وفريد؛ وثلاث بنات هنّ: دلال التي تزوّجت من شكيب بن طانيوس داغر؛ وأدال زوجة عبده حداد من "الدامور"؛ ومريم زوجة سعيد ناصيف داغر من "الدامور" أيضاً.

---

١٤٠ تزوج الياس من جوزفين طانيوس كيروز من "دير الأحمر"، ورزق منها: جيسن، وجسنتا.

١٤١ تزوج إدغار من شانتال سهيل طبّاع من "زحلة"، ورزق منه: تتيانا، وأليوجيو.

١٤٢ تزوجت رانيا من بولس كمال رزق من "صور".

١٤٣ تزوجت عبير من جورج فؤاد نجيب داغر من "ضهر المغارة".

١٤٤ تزوج داني من جيسكا سمير الجاموس من "الحدث".

١٤٥ تزوجت هالة من الياس طانيوس النداف من "دبل".

فسعيد بن يوسف حبيب تزوّج من سعدى كنعان داغر ورُزق منها: يوسف، ومخايل، وطانيوس؛ وخمس بنات هنّ: روز زوجة جرجس معوّض من "المشرف"؛ وآفلين زوجة حارس معوّض من "المشرف" أيضاً؛ ووداد زوجة نمر نجار من "بيروت"؛ ومهى زوجة سعيد بشاره القزي من "الجيّة"؛ وسميرة (الراهبة). أمّا يوسف بن سعيد يوسف فتزوّج من ميلادة نجيب داغر ورُزق منها: يوسف، وفادية. فيوسف الابن الذي اتّخذ اسم والده تزوّج من كلادس رشيد داغر ورُزق منها: إيلي، وغريتا[١٤٦]، وروني. وتزوّجت فادية من مسعود داغر داغر.

وقد تزوّج مخايل بن سعيد يوسف من ليلى يوسف نخلة من "الجيّة" ورُزق: سعيد، وطانيوس، وإيلي، وهدى زوجة حنا جعجع. فتزوّج سعيد من آنجي من "ألمانيا" ورُزق منها: مايكل[١٤٧]، وكلاريسّا. أمّا أخوه طانيوس فتزوّج من أليز بستاني من "الجيّة"[١٤٨]؛ وإيلي من رلى قزّي من "الجيّة" أيضاً ورُزق: جيرالد[١٤٩]، ودومينيك. لكنّ طانيوس، الابن الأصغر لسعيد يوسف، فقد تزوّج من سامية فريد داغر من "الدامور"، رُزق منها: جان بيار[١٥٠]، وبوليت[١٥١]، وإيلي[١٥٢]، ونادين (نادية)[١٥٣].

أمّا فريد، الابن الثاني ليوسف حبيب فقد تزوّج من كتّورة دميان من "رويسة النعمان" ورُزق منها: فرنسيس، والياس؛ وسبع بنات هنّ: سعاد (الراهبة)؛ ونزهة

---

١٤٦ تزوجت غريتا من ريمون منصور من "راس بعلبك".

١٤٧ تزوج مايكل من ساندرا في ألمانيا.

١٤٨ رزق منها: شربل، وريتا.

١٤٩ تزوج جيرالد (جيرار) من ليلي باكتان في أستراليا.

١٥٠ تزوج جان بيار من إليونا من "مالدوفا" ورزق منها: دانيس.

١٥١ تزوجت بوليت من بيار سالم من "قرطبا".

١٥٢ تزوج إيلي من لورنس من "فرنسا"، ورزق منها: مكسيم، ونين.

١٥٣ تزوجت نادية من جوزف هنود من "دير القمر".

زوجة أنطوان عيسى من "مزرعة المطحنة"؛ ونهاد زوجة ريمون جبران من "مزرعة المطحنة"؛ وسامية زوجة طانيوس سعيد داغر؛ وآمال زوجة عادل أبي راشد من "نيحا" الشوف؛ وناهية زوجة رفيق سمعان من "جزّين"؛ وزباد زوجة حبيب نصّار من "الدامور".

وقد تزوّج فرنسيس من أنطوانيت مارون الحلو ورُزق: رلى، وكارول، وناتالين. لكنّ أخاه الياس فريد داغر قد تزوّج من عفاف نجيب الطويل ورُزق منها: فريد، وماريو، وشارل، وبول، وسلام (والد حنة ومريم).

أمّا الياس، الابن الثالث ليوسف بن حبيب، فقد تزوّج من حنينة الياس داغر من "الدامور" ورُزق منها: جورج، وسميح، وفرنسيس، وأميرة (الراهبة). فجورج تزوّج من ليلى مجيد زين داغر من "الدامور" ورُزق منها: الياس، وفادي، وجوزف، وأوديل، وسميرة، وسوزان. فتزوّج فادي من أوجيني فؤاد يونان ورزق منها: فرنسيسكان، وجيسيكان. وتزوّج شقيقه جوزف من إنعام جرجس أندراوس؛ والياس من أميرة داغر ورزق منها: جاستن. أمّا سوزان فتزوّجت من عيد جرجس شعيا من "الدامور"؛ وسميرة من منير الأسمر من "الدامور" أيضاً؛ وأوديل من سمير الحاج. أمّا سميح الياس داغر فتزوّج من سعدة عبدالله أبي مرعي من "الدامور" ورُزق منها: ميشال، وروجيه، وميشلين زوجة بيار الياس البستاني، وحنان زوجة رامي عبد الكريم. أما فرنسيس بن الياس يوسف داغر فتزوّج من نوال يوسف نصّار ورُزق: نجوى؛ وأميرة زوجة الياس جورج داغر؛ ونهله زوجة روميو أبي جوده. ومن يودّ بعض التفاصيل الأخرى والتعرّف إلى بقيّة الأحفاد عليه العودة إلى شجرة العائلة المرفقة.

## أبناء فارس داغر

فارس داغر كما بات معروفاً هو صهر شبلي وحبيب داغر، زوج شقيقتهما حنّة. وقد كان شريكاً لدى عمّون في "ضهر المغارة" وأحياناً الوكيل الشرعي عنه. وقد ورد ذكره في بعض الوثائق المرفقة بهذا الكتاب تحت اسم فارس ضاهر قزما كما كان يُعرف. وقد استطاع أن يمتلك قطعة أرض في "ضهر المغارة".

أما شقيقه يوسف فسكن في "عقليه – الدبيّة" ورُزق من الصبيان: طانيوس، واسكندر، وسعيد.

وفي "ضهر المغارة" رُزق فارس أولاده: جرجس، وملحم، وسعيد.

سكن جرجس "عقليه – الدبيّة"، وتزوّج من ياقوت يوسف قزما داغر ورُزق صبياً واحداً هو: جميل، والد جورج، وميشال، ورنا، وهدى.

أمّا ملحم وسعيد فبقيا في "ضهر المغارة" حيث نشأ والدهما. فتزوّج ملحم من عفيفة ابنة شبلي داغر و لم يُرزق منها ولداً، وبعد وفاتها تزوّج من زهرة سليم نوهرا من "شمعرين" قرب "سرجبال"، ورُزق منها ابنة واحدة هي: ماري زوجة فريد أسعد داغر. وقد سافرت زهرة إلى البرازيل وقضت هناك.

أمّا سعيد بن فارس فقد تزوّج من رشيدة عبود من "عين الحور"، وقيل إنّها من "الجيّة"، ورُزق منها: توفيق، وفارس، وفريدة، وسلمى. ففريدة تزوّجت من نجيب بن عبدالله حبيب داغر ورزقا ثلاث بنات هنّ: سعاد زوجة مخايل ملحم داغر؛ وزباد زوجة طانيوس نخلة من "عانا" البقاع؛ ونجلا زوجة بشارة القزي من "الجيّة"؛ وثمانية صبيان ذُكرت أسماؤهم في فصل آخر وعلى شجرة العائلة المرفقة. أمّا سلمى فتزوّجت من سبع سليم عيد وسكنا "ضهر المغارة" ورزقا خمسة صبيان هم: شفيق، وجوزف، ورياض، وحنّا، والياس. وقد تزوّج توفيق بن سعيد فارس

داغر من سعيدة بطرس داغر من "عقليه – الدبيّة" ورُزق منها: سعيد الذي تزوّج من بهيّة القزّي من "الجيّة" ورزق منها: الياس، وتوفيق[١٥٤]، وسعيدة زوجة ميلاد البستاني من "الجيّة"، وجاندراك زوجة يوسف نديم شعيا، وحلوة زوجة مخايل نجيب عزّام من "الدامور". وبعد وفاة سعيدة تزوّج توفيق سعيد داغر ثانية من مريم القزي من "الجيّة" ورُزق منها: يوسف، وسمير، وميلاد، وريمون، وصبحي؛ إضافة إلى أربع بنات هنّ: رينيه زوجة سمعان الجوني من "صور"؛ وأوديت زوجة إدمون نجيب داغر؛ وروزيت زوجة عصام الصفدي من "راشيا" البقاع؛ ونهاد المتزوجة طانيوس خيرالله من "بحمدون". وقد تزوّج يوسف بن توفيق داغر من حنة الحاج من "الحجة" في الجنوب ورُزق منها: شربل، وجورج، وماريا[١٥٥]، وسيلفانا[١٥٦]. أمّا ريمون فتزوّج تريز سويدي من "عارية – جزين" ورُزق منها: ماريو[١٥٧]، ومارك[١٥٨]، ومريام[١٥٩]، وجاندارك[١٦٠]. وتزوّج ميلاد من عطاف أبي موسى من "كفرعمّيه – عاليه" ورُزق منها: إيلي، وجويل[١٦١]، ورتشيل، وجوزف. أمّا صبحي فتزوّج من حنّه (جانيت) الحلو من "صربا" الجنوب ورُزق منها: دانيال، ودايان[١٦٢]، ودنيز.

---

١٥٤ تزوج توفيق من هلا القزي من "الجيَّة"، ورزق منها: دومينيك الذي تزوج من أماندا شدياق من "زغرتغرين" في شمال لبنان؛ والياس؛ وجيمس.

١٥٥ تزوجت ماريا داغر من طوني غطاس من "الرميلة".

١٥٦ تزوجت سيلفانا من بشير أنطونيوس من "فرن الشباك".

١٥٧ تزوج ماريو من كارلا نجيم من "زحلة"، ورزق منها: ديا، ومارون، وكريس.

١٥٨ تزوج مارك من ريبيكا كيروز من "دير الأحمر"، ورزق منها: أليكساس، رايتن، نوا، بيتر.

١٥٩ تزوجت ميريام من وسام وهبه من "كفريا" الجنوب.

١٦٠ تزوجت جاندارك من زياد حبيب من "وادي شحرور".

١٦١ تزوجت جويل من أميرسن تويكدن في أستراليا.

١٦٢ تزوجت دايان من كلود زين من "كسروان".

أمّا فارس سعيد داغر فقد تزوّج من مريم ابنة أسعد شبلي داغر ورُزق منها صبيّين هما: سامي، وعصام؛ وخمس بنات هنّ: تريز، ومهيبة، وإلهام، ومنى زوجة أنطوان خليل نادر من "ضهر المغارة"، وليلى زوجة يعقوب وهبه من "كفريّا" الجنوب. أمّا سامي فقد تزوّج من خشفة إبراهيم داغر من "الرميلة" ورُزق منها: طوني[١٦٣]، ومايكل (راني)[١٦٤]، وجوني[١٦٥]، وشربل، ونانسي، وباسكال[١٦٦]، وكريستين[١٦٧]، وهمسة.

وهكذا فأبناء سعيد فارس داغر هؤلاء سكنوا "ضهر المغارة" ويشكّلون اليوم الفرع الآخر لآل داغر فيها.

١٦٣ تزوج من نسرين بيضون من "بنت جبيل"، ورزق منها: جوني، وطوني، وسامي.

١٦٤ تزوج مايكل من سيدة عطاالله من "نهر الدهب"، ورزق منها: رالف، وريا، وورومي.

١٦٥ تزوج جوني من كلودين قزي من "جدرا"، ورزق منها: جان مايكل، ورافايل.

١٦٦ تزوجت باسكال من غسان خليل من "البقاع الغربي".

١٦٧ تزوجت كريستين من جورج متى من "بحمدون".

# عائلات ضهر المغارة

كانت "ضهر المغارة" حتى الأمس القريب تتألّف من عائلة واحدة هي "آل داغر". وتعود أصول هذه العائلة إلى الأخوين شبلي وحبيب داغر اللّذَين نزحا إلى البلدة في أواخر القرن التاسع عشر كما مرّ معنا. وقد سكن البلدة أيضاً في ذاك التاريخ فرع آخر من "آل داغر" وتعود أصوله إلى فارس ضاهر قزما داغر صهر شبلي وحبيب. ولمّا كثر الأبناء والأحفاد وتزوّجت بعض بناتهم من خارج البلدة، عادت بعضهنّ وسكنّ "ضهر المغارة" مع عائلاتهنّ. فأصبح في البلدة عائلات أخرى تمتُّ بصلة القربى إلى "آل داغر". وتشكّل الأقليّة بالنسبة إليها.

وهذه العائلات هي:

"آل نادر"، ويعودون إلى يوسف خليل نادر من "الدامور"، زوج أملين كنعان داغر، حيث رُزقا صبيًّا واحداً هو: خليل الذي تزوّج من هند (جناة) خليل داغر من "ضهر المغارة"، ورُزق: أنطوان[١٦٨]، وريمون[١٦٩]، وتريز[١٧٠]، وآمال[١٧١].

"آل أبي صعب"، ويعودون إلى خليل أسعد أبي صعب زوج حنينة كنعان داغر وهو من "البقيعة – سرجبال"، ومن سكان "الدامور" لاحقاً، وقد سكن ولده أسعد

١٦٨ تزوج أنطوان من منى فارس داغر، ورزق منها: جو الذي تزوج من دولي حلال من "الدامور"؛ وخليل؛ وشربل.

١٦٩ تزوج ريمون من روز حسيب داغر، ورزق منها: ليال التي تزوجت من عبدو لحود من "قرطبا"، ثمّ من شربل الخوري من "دورس"؛ وجانيت التي تزوجت من جوزف مرعب من "الحمّال"؛ والياس الذي تزوج من دارين نصر الدين من "بعلبك"، ورزق منها: إيلاّ.

١٧٠ تزوجت تريز من أنطوان داغر داغر.

١٧١ تزوجت أمال من عاطف بو زيد من "مليخا".

"ضهر المغارة" وتزوّج من لطيفة قزحيا داغر، وأولادهما هم: جوزف[١٧٢]، وخليل، وغريس[١٧٣].

"آل عيد"، وهم أبناء سبع سليم عيد زوج سلمى ابنة سعيد فارس داغر. وهؤلاء الأبناء هم: شفيق[١٧٤]، ورياض[١٧٥]، وجوزف[١٧٦]، وحنّا[١٧٧]، والياس[١٧٨].

"آل خميس"، ويعودون إلى سعيد خميس زوج سلمى يوسف نادر المارّ ذكره. وولداهما هما: طانيوس[١٧٩]، وخليل[١٨٠].

١٧٢ تزوج جوزف من نورما فرنسيس داغر (ابنة المؤلِّف) في كندا، ورزق منها: ساندرا، وجو، وجايسن.

١٧٣ تزوجت غريس من الياس طنوس من "الرميلة".

١٧٤ تزوج شفيق من جاكلين معلوف من "كفرقطرة"، ورزق منها: هيثم؛ وإيفونا التي تزوجت من توفيق أنطون من "المختارة"؛ ودايفد.

١٧٥ تزوج رياض من جورجيت عباس داغر، ورزق منها: سلمى التي تزوجت من يوسف رزق من "الدامور"؛ وغابي الذي تزوج من ريما ساسين، ورزق منها: غابريل، وغايل، ميغال.

١٧٦ تزوج جوزف من كلوديت عبدالله القزي من "الجيَّة"، ورزق منها: ناتالي التي تزوجت من داني الجنيدي من "بعبدات"؛ ورولان الذي تزوج من ملينا بابوري في أستراليا، ورزق منها: جوزف وجورجيو الذي ولد بعد وفاة شقيقه وسمِّيَ على اسمه؛ وساندرا؛ وجورجيو.

١٧٧ تزوج حنَّا من نادية (ندى) عون من "المكنونيَّة" ورزق منها: آلان، وديانا التي تزوجت من جوزف زيادة من "جون".

١٧٨ تزوج الياس من مجدلين عيد من "المطلَّة"، ورزق منها: إيلي.

١٧٩ تزوج طانيوس من جوليت داغر داغر، ورزق منها: دافيد؛ ودان الذي تزوج من إيليانا جرُّوج من "القبيات"؛ وشربهان.

١٨٠ تزوج خليل من ريما حجَّار من "الأشرفيَّة"، ورزق منها: شربل وسالي.

"آل شعيا"، أي أسرة نديم شعيا المؤلّفة من: يوسف[181]، ووديع، والياس[182]، ورنده[183].

"أسرة ديمتري صايغ"، المؤلّفة من: سامي، وسمير، وماري رين.

١٨١ تزوج يوسف من جاندارك سعيد داغر ورزق منها: نديم، والياس، وتشارلز. تزوج نديم من ماندي من "تل عباس" عكار ورزق منها: ميلا، وماديسون، وماريانا.

١٨٢ تزوج الياس من سامية نعوم من "عين الرمانة"، ورزق منها: روي؛ وتريزا؛ وكلوديا التي تزوجت من إيلي سعادة من "لحفد".

١٨٣ تزوجت رندة من سعيد الحداد من "زوق ميكايل" في كسروان.

# شجرة العائلة

بعد نزوح شبلي داغر إلى "ضهر المغارة" حوالي العام ١٨٨٢م، وبعد مضيّ قرن ونيّف على تأسيس هذه البلدة الحديثة السنّ، أصبح لزاماً عليّ أن أعرض شجرة تلك العائلة الأصيلة التي وضعت حجر الأساس في بناء تلك البلدة، وأبيّن ما آلت إليه اليوم من نموّ وانتشار.

وهذه الشجرة تُظهر نسب شبلي وشقيقه حبيب إلى والدهما إبراهيم وجدّهما حنا. أمّا نسب إبراهيم حنا داغر وأصوله فهذا ما اهتمّ به بعض أبناء "آل داغر" وحاولوا التعرّف إلى الشجرة الكبيرة لهذه العائلة المنتشرة في جميع أنحاء لبنان وسوريا والعراق. وأخصّ منهم الأرشمندريت يوحنّا داغر، وجامعة "آل داغر"، والصحافيّ الأديب أسعد داغر.

وإنّي هنا لست في معرض الحديث عن أصل عائلتي وإلى أيّة قبيلة تعود جذورها، بل يكفيني أن أذكر بعض معلوماتي الخاصَّة عن عائلة داغر بشكل عام، والتي تعود أصولها كما نقل الخلف عن السلف إلى قبيلة بني تغلب العربيّة، حيث سكن بعض أفراد العائلة في بلاد الكوفة وما بين النهرين، ثم رحل بعضهم إلى دمشق وإلى جوار حمص وجبال العلويين في سوريا؛ ثمّ نزح قسم منهم إلى جبال لبنان وسكنوا "تنّورين" في الشمال في أواخر القرن الخامس عشر، إلى أن بدأوا الزحف جنوباً نحو "بكفيّا" و"المروج" و"الجديدة" في المتن، ثمّ إلى "بيروت"، و"كفرشيما" و"الدامور" و"الدبيّة"، و"ضهر المغارة"، و"الرميلة"، و"علمان"، و"مجدلونة"، و"الجميليّة"، و"المغيريّة"، و"الوردانيّة"، وغيرها من قرى الإقليم. كما تابع بعض منهم الرحيل إلى الجنوب حيث سكنوا "الميّة وميّة"، و"كفرفالوس"، و"مراح الحباس"، و"أنصار"، و"بنت جبيل". أمّا في البقاع فنرى بعض أفراد العائلة في

"راشيا الفخار"، و"نيحا"، و"الطيبة"، و"ضهر الأحمر"، وفي القرى المجاورة لـ"دير الأحمر"، كقرية "شليفا" مثلاً.

وبهذا نرى أنّ "لآل داغر" جذوراً تاريخيّة قديمة في هذا الشرق. وتُعَدّ هذه العائلة من أكبر العائلات اللبنانيّة العريقة في القدم، والمنتشرة في جميع أنحاء البلاد. وقد نبغ منها الكثير في مجالات الطبّ، والأدب، والقضاء، والحقوق، والصحافة، والسياسة.

أمّا ما يعنيني في هذا المجال، فهو أن أبيّن للقارئ العزيز أبناء وأحفاد شبلي داغر وأخيه حبيب اللذَين سكنا "ضهر المغارة" أوّلاً، وإليهما يعود نسب معظم ساكنيها اليوم. والجدير بالذكر أنّ أبناء يوسف حبيب داغر قد غادر معظمهم "ضهر المغارة" وباعوا أملاكهم هناك إلى أقاربهم منذ أمد بعيد ونزحوا إلى "الدامور" لأمور اقتصاديّة. لكنّهم وأحفادهم أبقوا على العلاقة الطيّبة مع أقاربهم في "ضهر المغارة".

هذا وفي "ضهر المغارة" فرع آخر من "آل داغر" يعود أصله إلى فارس ضاهر داغر صهر شبلي وحبيب ووالد سعيد وجرجس وملحم. ولم ألحظ هذا الفرع في كتابي هذا على شجرة العائلة لأنّه ليس موضوع بحثنا فعذراً منهم. وقد خصّصت بهم فقرة بعنوان "أبناء فارس داغر" لِمَن يودّ الرجوع إليها.

وهكذا فـ"ضهر المغارة" هي اليوم معقل "آل داغر" في الإقليم. وقلّما نجد بلدة لبنانيّة تجمع سكّانها رابطة القربى والنسب الواحد، والجذور الواحدة، كما هي في "ضهر المغارة".

وإنّي إذ أكتفي بذكر عائلات الأبناء فقط على شجرة العائلة، دون ذكر عائلات البنات، فذلك يعود إلى أنّ البنات قد يتزوّجن من غير أسرتهنّ فيتبعن بالتالي أسرة الزوج. لذا أرجو قبول اعتذاري. وإنّي على ثقة بقبوله لأنّ الأمّ والأخت والزوجة كنّ دائماً رمز التسامح والحنان.

شِبلُ المَغارَة

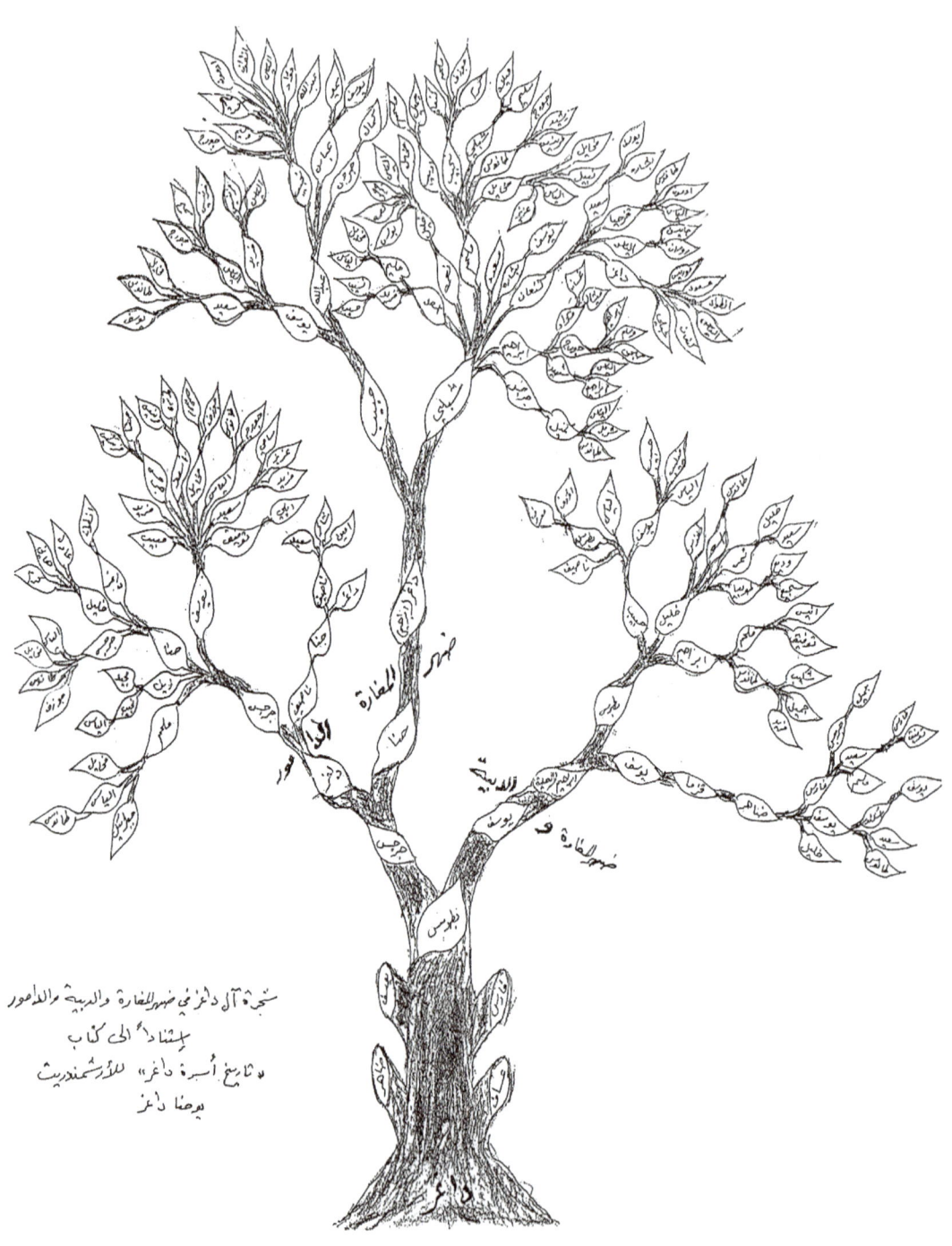

شجرة آل داغر في ضهر المغارة والدبيّة والدامور

فرنسيس داغر

شجرة فروع آل داغر في ضهر المغارة حتى تاريخ ١/١١/١٩٩٣

## ضهر المغارة حتى عام ١٩٨٥م

وإذ تمرّ في محلة "السعديّات"، قرب "الدامور"، تستهويك طريق تنساب صعداً نحو الجبل، فتسلكها تلقائيًّا علّك تروّح عن البال بين تلك المنبسطات وتتخلّص من هموم زحمة السير الدائمة على الطريق الساحليّة. وما إن تسلكها برهة حتى تطلّ عليك ومن على بعد ثلاثة كيلومترات فقط ضيعة رابضة في حنايا هضبة لترتاح بين أرجائها الهادئة.

إنها هي!

هي "ضهر المغارة" التي بناها شبلي داغر وشقيقه حبيب منذ قرن ونيّف.

وما إن تصل قريباً منها حتى ترى الطريق إليها قد اتّسعت لتستقبلك؛ مرحّبة بك مرتاحة للزيارة، آملة تكرارها.

هذه البلدة الحديثة السنّ، ترعرعت بين الهضاب والتلال السهلة السلوك، وصادقت أشجار السنديان والخرنوب، وشبّت بين حقول السنابل ومدارج الزيتون، وعبقت بروائح الوزّال والقندول، وطربت بأناشيد الطيور وتراتيل النواقيس والأجراس. فبانت عروساً تدغدغ جبهتها نسيمات البحر الرطيبة وتلفح خدّيها هبّات من الجبل عليلة.

تحسّ وأنت فيها قد ركبتَ البحر وامتطيتَ الجبل. فلا أنت في بحر ولا أنت في جبل. وكلاهما بين يديك.

بيوتها القديمة قد غابت عن الواجهة، وأصبحت في ذمّة التجديد والتاريخ. ولم يبقَ منها سوى أطلال تحكي عن مجد عبر.

لكن ما زال هناك بعض أقبية متلاصقة يعلوها بيت كبير من قرميد، يطلّ إلى الشاطئ الرمليّ المنبسط أمام البحر، والمنتهي جنوباً إلى ميناء "الجيّة"، وشمالاً إلى

سهل أخضر يربض عند أقدام بلدة "الدامور" القائمة على تلّ رضيع.

والناظر إلى بيوت بلدتي اليوم يراها فخمة البناء، وقد انتشرت على جوانب الطرقات، محاطة بكروم العنب وبساتين اللوز. وتعلو سطوحها خيم حديديّة تتدلّى من فتحات شبكاتها ثريّات البلّور وعناقيد اللذّة والطيب.

بلدتي اليوم سهلة المراس. تستطيع أن تتمشى في أرجائها بارتياح، وبين منعطفاتها ودروبها دون ملل أو كلل.

فهنا بيوت إلى جانبي طريق داخليّة معبّدة، أُنيرت بأعمدة الكهرباء، وتتقدّمها جنائن الورد أو بعض شجيرات اللوز والإجاص. وهناك مجموعة أخرى تتوزّع على الطريق العامّة، تحكي طموح أهالي تلك البلدة وحبّهم للعيش والرفاهية. وبين هاتين المجموعتين أو المزرعتين إن صحّ التعبير تقوم في وسط البلدة كنيسة على اسم إيليا النبيّ، بناها أبناء شبلي وحبيب في الأربعينات من هذا القرن. وهي على شكل قبو عقد، من حجر مهذّب، تعلوها قبّة عالية تعانق بين أعمدتها جرساً كبيراً من صنع بيت شباب.

أمّا وقد صغرت الكنيسة فيما بعد على أبنائها المؤمنين، فقد بدأ الأهالي منذ أوائل الستينات بإقامة مشروع كنيسة جديدة على الطراز الحديث، يشتمل إضافة إلى المعبد على بناء للمدرسة ومقرّ للنادي وصالة للاجتماعات. وقد خطا هذا المشروع الضخم خطوة كبيرة في طريق التنفيذ. فنُفّذ منه الطابق الأسفل؛ ثمّ جاءت أحداث ١٩٧٥م لتحول دون إتمامه حتى الآن. وكانت لجنة الوقف قد دأبت على إقامة مهرجانات سنويّة يساهم ريعها في إتمام المشروع المذكور.

أمّا من حيث التعليم، ففي البلدة مدرسة رسميّة كانت خطواتها الأولى عام ١٩٥٢م، حيث بُدئ التدريس فيها بمعلّم منفرد ثمّ تابعت خطواتها الوئيدة حتى عام ١٩٥٧م، حيث كان لي شرف تولّي إدارتها فدأبت فيها على العمل التربويّ

الحثيث، إلى أن ذاع صيتها؛ وبدأ الطلاب يتوافدون إليها من جميع القرى المجاورة إلى أن ضاقت بهم الأمكنة. فتطوّرت من ابتدائيّة إلى متوسّطة عام ١٩٧٣م، وفاق عدد المربّين فيها الثلاثين وكلّهم من ذوي الاختصاصات، ومعظمهم من مدرّسي البلدة.

وكانت هذه المدرسة النواة الطيّبة في زرع بذور العلم والمعرفة في نفوس تلامذتها. وما الأطبّاء، والحقوقيّون، والمهندسون، وحملة الإجازات التعليميّة في "ضهر المغارة" اليوم، إلاّ وكانوا من عداد تلامذتها ذات يوم.

وكما ساهمت المدرسة في تطوّر البلدة ونهضتها التربويّة والعلميّة، كذلك ساهم "نادي الإصلاح الثقافي الرياضي" فيها، والذي تأسّس عام ١٩٦٤م، برفع المستوى الثقافيّ والرياضيّ والفنيّ في البلدة والجوار. وكان لي الشرف أيضاً أن أكون، مع نخبة من مثقّفي البلدة، من عداد الهيئة التأسيسيّة لهذا النادي. وقد لاقى فريقه الرياضيّ تشجيعاً كبيراً حتى استطاع أن ينافس أكبر الفرق الرياضيّة في الإقليم والقضاء. كما أنّ هذا النادي كان يقيم سنوياً عدّة ندوات ثقافيّة واجتماعيّة وفنيّة وأحياناً طبيّة ساهمت الكثير في إعلاء شأن "ضهر المغارة" بين قرى الإقليم والمنطقة.

هذا ما كانت عليه حال بلدتي حتى عام ١٩٨٥. فقد نمت سريعاً وبانت مميّزة في تلك المنطقة كدرّة في تاج. وما ذاك إلاّ لأنّ شبّانها وشيبها حرصوا على السمعة الطيّبة المتوارثة، لِما فيه خير البلدة وخير الوطن.

لكنّ المؤامرة الخبيثة كانت لهم ولكلّ اللبنانيّين بالمرصاد.

فجاءت الأحداث الأليمة عام ١٩٧٥م ولمّا تزل، لتمحو حضارة قيّمة، اتّسم بها هذا الوطن الحبيب. فهُجّرت البلدة وتوقّفت فيها المسيرة. وبدأ الدولاب دورته العكسيّة. فإلى متى يا ترى؟

# فاكهة "ضهر المغارة"

لكلّ نبات تربته ومناخه. فلا ينمو ويثمر إلاّ إذا توفّرت له العوامل الطبيعيّة المناسبة. فكما الموز والنخيل يعيش في المناخات الحارّة أو الموسميّة، كذلك شجر التفّاح أو الكرز يتطلّب مناخات باردة ليكتمل نموّ أثمارها.

فالساحل اللبنانيّ مكان صالح لنموّ البرتقال والموز وقصب السكّر. أمّا في الجبل فتزدهر زراعة التفّاح والإجاص والكرز والدرّاق لتزيد من الدخل الفرديّ ومن تعلّق اللبنانيّ بأرضه أينما وجد.

و"ضهر المغارة"، هذه البلدة الساحليّة الواقعة على المنحدر الغربيّ للجبل، والتي لا تعلو كثيراً عن سطح البحر، قد حباها الله برودة الجبل وحرارة الساحل، وجعل منها "جنّة عدن". فقد تجد فيها كلّ أنواع الأشجار والأثمار التي لا تلقاها في أيّ مكان آخر مجتمعة. ومن النباتات التي مُيّزت بها منذ القدم نجد في مقدّمتها الصبّار أو الصبّير كما يعرفه العامّة. وهو نبات صحراويّ ذو ألواح سميكة عريضة دائمة الاخضرار، وتنبت فيها أشواك طويلة حادّة الرأس. وتحمل الألواح في أطرافها أثماراً بيضاويّة الشكل ذات أوبار كثيرة في قشر غليظ ينشقّ عن لبٍّ حلوٍ كثير البزر يؤكَل عند نضوجه، كما جاء في "محيط المحيط" للمعلم بطرس البستاني. وقد يُعرف بالتين الشوكيّ لوجوه الشبه بينه وبين ثمرة التين.

وقد انتشرت أخيراً زراعة الصبّير في البلدة انتشاراً ملموساً. فهو لا يتطلّب عناية أو رعاية كبيرة كسائر النباتات، فضلاً عن أنّه يتحمّل العطش والعوارض الطبيعيّة القاسية. وصبّير "ضهر المغارة" مميّز عن سائر الأصناف نوعاً ونهكةً ولوناً وحجماً، وذاك عائد لخصب التربة ونوعيّة المناخ. وقطاف الثمر في بدء أيّام الصيف عمليّة صعبة، لأنّ الأوبار الدقيقة التي تنتشر مجموعات متفرّقة على قشور الثمر هي دائماً

بالمرصاد، ولا بدّ لقاطفها من أن يحظى بوخز إحداها حتى ولو تسلّح بالحماية اللازمة. لكنّ حلو الثمار يُنسي آلام الوخز. فلا بدّ دون الشهد من إبَر النحل كما يقال، كذلك لا بدّ لقاطف الورد من وخز الإبر.

وقد جرت قديماً مع نعمه بن شبلي داغر حادثة لا بدّ من ذكرها هنا لأنّها شاهد كبير على رغبة اللبنانيّين في أكل الصبّير رغم ما يشوبه من أوبار. فقد أخذ نعمه ذات يوم صندوقتين خشبيّتين ملأهما من أثمار الصبّير وحمّلهما على دابّته وتوجّه بهما إلى "دير القمر" ليبيعها هناك. فسلك كالعادة طريق "الدبيّة – سرجبال" حيث أدرك بلدة "كفرحيم" باكراً، والشمس قد بدأت تنشر وشاح دفئها بين التلال والهضاب. فالتقى هناك شيخاً من الطائفة الدرزيّة، وكان طويل القامة ممتلئ الصدر مفتول الساعدين، فاستوقفه ذاك الشيخ مستفسراً عمّا معه. وقد ذُهل إذ شاهد أثمار الصبّير الناضجة المطروحة في الصناديق تنادي غريزته لتسدّ جوعها وتُشبع نهمها.

فطلب حينئذٍ من نعمه أن يسمح له بتذوّق بعض الثمار. ولّما كان له ما أراد أخذ سكّيناً حادّة من وسطه وبدأ يقشّر الثمار ويلتهمها كمن أصابه مرض الجوع منذ زمن. فأخذ "يتذوّق" الثمار بشراهة ظاهرة، وبكلّ حاسّة من حواسّه، وبكلّ جارحة من جوارحه. وفيما هو كذلك، وبعد أن أتى على معظم ما في الصندوقة الأولى، مال حمل الدابّة، فانحرف "متذوّق الفاكهة" إلى الصندوقة الأخرى قائلاً: "لا بدّ لي من أن أُعيد إلى الحمل توازنه". ثمّ بدأ يلتقط منها الثمار وينزع عنها القشور كعادته إلى أن "استعاد الحمل توازنه"، ولم يبقَ في الصندوقتين إلاّ القليل القليل.

كلّ هذا ونعمه يرقب ويتعجّب، مبدياً بعض البسمات من حين إلى آخر، ودون أن ينبس ببنت شفة، إلى أن نقده الشيخ أخيراً ثمن تلك "الترويقة" شاكراً. وعاد نعمه من حيث أتى ولسان حاله يقول: "ما بتاكل إلاّ الصحّة". أمّا اليوم فما زال صبّير "ضهر المغارة" محافظاً على جودته ونوعيّته كتفّاح "ميروبا"، وكرز "كفرذبيان".

وقد عمّت زراعته جميع زوايا الحقول، وقلّما نجد أجمة من الصخور، أو زاوية من الحقول قليلة التراب صعبة المراس والمسالك، إلاّ وارتفعت فيها ألواح الصبّير خضراء مثمرة. وقد أتلف المزارعون الأنواع الشوكيّة منها، والتي كانت تُزرع قديماً واستعاضوا عنها بأنواع أخرى قليلة الأشواك والأوبار، وذات أثمار أفضل حجماً وأجمل منظراً وأطيب نكهة. وأصبحوا يعطون أهميّة كبرى لموسم الصبّير في بلدتهم إذ بات يقصدهم تجّار الخضار والفاكهة من جميع المناطق للتزوّد بتلك الفاكهة الشهيّة.

وإضافة إلى الصبّير كفاكهة مميّزة لـ "ضهر المغارة"، فهناك أيضاً مواسم العنب واللوز والزيتون والخرنوب وغيرها. فبعد استصلاح معظم أراضي البلدة بوساطة "المشروع الأخضر" في الستّينات من هذا القرن، غدتْ "ضهر المغارة" جنينة كبيرة تخترقها طرقات زراعيّة، على جوانبها خيم الكرمة القائمة إلى جانب أشجار الزيتون واللوز.

فأشجار الكرمة وقد رُفعت على خيم حديديّة بطريقة حديثة منسّقة، أصبحت الشغل الشاغل لأهالي البلدة. فيتباهون بأجناسها المتنوّعة: الحيفاوي، والتفيفيحي، وبز العنزة... أو بألوانها الجذّابة الساحرة، أو ببريق حبّات عناقيدها التي تحاكي "جانح الدبّور أو عتمة الليل أو خد الصبيّة". وقد تفنّنوا بالعناية بها ومكافحة أمراضها منذ تقليم أغصانها حتى قطاف "ثريّات الذهب". وبات لديهم عند القطاف طرق عديدة مبتكرة في رصف العناقيد في الصناديق، واستعمال الأوراق الملوّنة حولها لتزيد من جاذبيّتها ومشتهاها في دروب المدينة وعلى موائدها.

أمّا الزيتون، وقد مرّ أكثر من عشرين سنة على زراعة أشجاره الفتيّة فقد بات يعطي موسماً كريماً من الحبوب والزيت الطيّب ويعوّل عليه المزارعون الكثير من الأهميّة. ولن ننسى طبعاً موسم اللوز على أنواعه المتعدّدة، والذي يباع أخضر أو

فريكاً أو يابساً. أمّا الخرنوب فينتشر دون تنسيق في جميع الحقول، حيث تُقطف أثماره، وتُعصر في معاصر خاصَّة أُقيمت في "ضهر المغارة" لتعطي الدبس مع رغوته الطازجة لذيذاً شهيًّا.

هذا ما حبا الله أرضنا من أثمار وفاكهة عدا الخضار التي تغطّي بعض بساتينها في مواسم الربيع والخريف. وإن كان لي من كلمة حقّ أقولها في فاكهة بلدتي فلن أقول سوى: "آه! ما كان أطيبها وأشهاها!".

# إستصلاحُ الأراضي

وكما كانت أعمال النقب واستصلاح الأراضي في "ضهر المغارة" على قدم وساق أيّام شبلي داغر وأخيه حبيب، كذلك لم تتوقّف الورشة يوماً بعد رحيلهما. فقد توارث الأبناء والأحفاد عن آبائهم وأجدادهم عشق الأرض التي جُبلت أتربتها بعرق جباههم وأصبحت جزءاً منهم.

ولا يخفى ما كانت تتطلّب عمليّة الاستصلاح من جهد جهيد، وتعب مرير، وبذل وعطاء مستمرّين محفوفَين بالمشقّة والصعوبات، في غياب الآلات الحديثة والماكينات المتطوّرة التي لم يكونوا قد عرفوها بعد.

وفي الستينات من هذا القرن وفد إلى "ضهر المغارة" مجموعة من مهندسي "المشروع الأخضر"، وعرضوا على أهالي البلدة القيام باستصلاح أراضيهم ونقبها وشقّ الطرقات فيها ضمن خطّة مبرمجة متطوّرة تسهّل العمل وتختصر الوقت. فبدأت إذ ذاك ورشة جديدة كانت عدّتها تلك الآلات "الجهنميّة" التي تحيل الجبل سهلاً والسهل منبسطاً، بالإضافة إلى سواعد الشبّان الذين أحيتْ فيهم عمليّة الاستصلاح هذه رغبة جديدة في العمل لم يعهدوها من قبل. فنسّقوا وهذّبوا ما لم تقوَ عليه تلك الآلات حتى استحالت حقولهم، وخلال خمس سنوات فقط، جنائن ضاحكة تقوم فيها أشجار الزيتون واللوز وكروم العنب وتحبل بالمواسم الوفيرة في السنوات القليلة التالية. وقد استصلح المشروع الأخضر معظم أراضي "ضهر المغارة"، حيث بلغت نسبتها الثلاثة أرباع؛ وخطت البلدة إذ ذاك خطوة جبّارة في طريق التقدّم الزراعيّ إلى جانب خطواتها التربويّة والاجتماعيّة التي مرّ ذكرها. فغدت عند عتبة القرن الحادي والعشرين بلدة مميّزة في كلّ المجالات الاقتصاديّة والزراعيّة والعلميّة. وما ذلك إلاّ بفضل أبنائها الميامين الذين تطلّعوا دائماً إلى الأحسن، وسعَوا فنالوا و لم يدّخروا جهداً في سبيل رفعة بلدتهم وإعلاء شأنها.

# الكارثة

ولقد أطلّ عام ١٩٧٥م على لبنان بهامته المشؤومة، ناعياً الهدوء والاستقرار في ربوعه، زارعاً بذور التفرقة والشقاق بين أبناء الوطن الواحد. فتباعد الأشقّاء وتصدّعت صيغة التعايش التي امتازت بها تلك الأرض الطيّبة.

وبدأت المؤامرة وهيهات أن تنتهي!

فرّق تسد! ذاك كان ميثاق المتآمرين منذ القدم. فتفرّقنا وسادوا. وتمرّغت أنوفنا في التراب وكدنا نفطس من نتن الروائح حيث جرّتنا تلك المؤامرة. فتغيّرت الصورة وباتت تُخجلنا إن نظرنا إلى مرآة أنفسنا يوماً. نعم لقد خطّطوا لنا "وويل لمن مرّ عليه التخطيط" كما يقول المثل السائر.

وإذ لا حول لنا ولا قوّة، رأينا أنفسنا في بركة دم نتخبّط فيها وما من معين. فجرف تيّار الأحداث جميع مَن لقيَ في دربه ورماه بعيداً بعيداً.

وما إن جاء عام ١٩٨٥م، حتى كانت بعض قرى الإقليم "المستهدفة" قد تهجّرت أسوة بغيرها التي سبقتها في "هذا المضمار الميمون".

وكانت "ضهر المغارة" ضمن الخطّة المرسومة. فأصابها ما أصاب جاراتها من قبل. وكان التهجير! وكانت الكارثة!

أفاق الأهالي مذعورين ذاك اليوم من هول ما يُنتظر. لقد صدرت الأوامر!

وأمرهم لله!

فهبّ كلّ منهم يجمع بنيه، كما تجمع الدجاجة فراخها،

ويحمل ما خفّ وزنه وعزّت قيمته. ويرحل. ولا يعرف إلى أين!

إلى دنيا أخرى غريبة. لا يلوي على شيء...

يطلب السلام والأمان. همّه النجاة!

أمّا الأرزاق فهي لا تساوي دمعة واحدة في مقلة طفل.

وغادرنا "ضهر المغارة" مرغَمين.

وهل يغادر أحدٌ بيته إلا كذلك؟

تركنا كل شيء وتبعنا النداء. "فإنّا متعبون وحملنا ثقيل".

تركنا الضيعة والصباح لم يتنفّس بعد. وظلال الناس على الطرقات تخيفنا. وصراخ الأطفال يفتّت أكبادنا. وولولة النساء الهاربات حافيات الأقدام تنبئ بخطورة الموقف. فنستشفّ، من وراء ذاك الهلع والضياع، أموراً جسيمة لم تكن في الحسبان أو لتخطر في بال. فالموت يتربّص في كلّ درب، في كلّ زاوية. وكمائن الحقد تنتشر على كلّ مفرق. وأزيز الرصاص يوغل في قتل النفوس قبل الأجساد. وسط هذه المعمعة وفوضاها كنّا نتحيّن الفرص السانحة لاجتياز معابر الذلّ والهوان. فنرقب الحركات والسكنات. ونحصي الأنفاس. إلى أن تمّ لنا ذلك، وقد دفعنا الكثير الكثير من دماء أبنائنا وكرامتنا. وهكذا في ليلة لم نشهد صباح أنوارها في تلك البلدة، تركنا كلّ شيء هناك. تركنا البيوت التي بنيناها بعرق الجبين. وتركنا الكروم التي سال دمنا على ترابها وأصبحت فلذة منّا. هجرنا و لم نهجر جذورنا! حملناها معنا أينما حللنا. فلا أحد يستطيع أن ينتزعها منّا. فهي والروح سواء. لقد تركنا الضيعة التي جمعتنا، ثمّ تفرّقنا في جميع أنحاء البلاد. وما لبثنا أن ضاق بنا العيش حيث حللنا. فتطلّعنا إلى الخارج وكبرَ معنا الحلم ليصبح فكرة تروق لنا. فعبرنا المحيطات الكبرى إلى كندا وأستراليا، لنبني هناك لبناناً جديداً.

وبعدت المسافات بيننا. أمّا القلوب فلمّا تزل تحنّ إلى صورة أيّام العزّ هناك تحت سنديانة الضيعة، والأذن إلى رنين أجراس العيد، والعين ترنو إلى فرحة الأطفال بالثياب الجديدة والهدايا المعلّبة.

وها قد مرّت السنون وما زلنا نتطلّع إلى ذاك اليوم الموعود، حيث نعود إلى أحضان قريتنا. فقد علّمتنا الغربة حبّ الأوطان. وعلّمنا التشتّت قيمة الضياع!

# نداءٌ خفيٌّ

غِبتُ عن بلدتي سبع سنوات كنتُ خلالها طفلاً سُلخ عن أمّه وهو رضيع، يفتّش عبثاً عن بديل. وتبقى الحسرة في قلبه والدمع في عينيه، مسلّماً أمره أخيراً إلى ربّ القدر علّه يسمح له برؤيتها من جديد ولو للحظات.

واستُجيبت الدعوة. وأُتيحت لي الفرصة هذه في وقت لم أكن لأتوقّعه، أو أكن على استعداد للقيام بمثل تلك المغامرة.

وفي ١٩ أيلول ١٩٩١م، كنت فوق سماء كندا أقطع الأميال والمسافات الشاسعة فوق المياه الزرقاء وتحت السماء الدكناء، حتى وصلت بلادي بعد طول عناء وطول غياب. فأحسست، وقد رُدّت إليّ روحي، أنّ هناك صلات قربى تشدّني إلى كلّ فردٍ في بلادي، يلهج بلساني ويحسّ أحاسيسي.

ورغم هذا الشعور الوطنيّ البريء، كنت أرى كلّ شيء أمامي قد تغيّر أو تبدّل. لكنّي لم أكن أودّ أن أحسّ بذا التغيير. أحببت أن أكون كما أجدادي، "وبراءة الأطفال في عيني"، أبشّر بضوء القمر وأتناسى عتمة الليل. ولكن كيف لي أن أبقى بعيداً عن قريتي وألاّ أراها أو أقف على ما جرى لها وهي منّي على قاب قوسين؟ تحيّنت الفرص لزيارتها رغم ما في ذلك من أخطار الطريق المفتعلة، ورغم تحذيرات الأصدقاء، لكنّي، وقد عقدت العزم على ذلك، رأيتني لم أؤذِ أحداً في حياتي وقد تتشفّع فيّ صداقاتي الكثيرة وسمعتي الطيّبة في الحالات الصعبة.

ركبت السيارة ذات يوم مع أحد الأقرباء وانطلقنا من بيروت قاصدين "ضهر المغارة"، ملبّين نداء القلب، ضاربين بالتحذيرات عرض الحائط. وكان ذلك في أواخر أيلول ١٩٩١م.

لن أصف لك ما شاهدنا على الطرقات خلال تلك الرحلة، بل كنت أحسّ بالشوق يشدّني إلى رؤية قريتي وتلمّس ما جرى لها من جرّاء الفراق.

وقفت في مداخل الضيعة أبكي الأطلال مع امرئ القيس، وكدت أصرخ مع المازنيّ:

أوصِدوا الأبوابَ باللهِ ولا    تدَعوا العينَ ترى فعلَ البَلا

صرت أرقب ما آلت إليه تلك العروس المجليّة؛ حيث فقدت نضارتها وانكمشت على نفسها ذليلة حزينة، بعد أن ضربها الموت بعصاه العاتية، فاكفهرّت سحنتها وغابت بسمتها وتأوّهت على أيّام حلوة عبرتْ.

فروائح الأزهار الصيفيّة لم تكن لتغطّي روائح القبور المنبوشة. ولفحات الشوق والحنين لم تُهمد فيّ لسعات البرد التي أخذت تدبّ في جسمي دبيب الموت في الأجسام العليلة.

كيف لا! والشبابيك تشلّعت، وعدّة بيوت أُحرقت. والحجارة غطّاها الغبار ولفّتها خيوط العناكب وأصبحت أوجاراً للحشرات والزحّافات. وأعشاب الطحلب فرّخت على الأدراج المهجورة أو بين الشقوق. ونقط الشتاء الباردة جرّحت الممرّات. وأشجار العريش دبّ فيها الهريان فبكت عناقيدها دموعاً ما تزال آثارها على التربة تحكي ما لقيت من قلّة الاكتراث، وتندم على أيّام حلوة ولّت من زمان.

حيطان الطريق ما زالت تنطق بشعارات الثائرين. والأشواك البريّة قد اقتحمت الطرقات دون رادع.

بكيت أملاً جفّ في عينيّ قبل أن يرى النور. لقد تفتّحت جراحي التي طالما دملتُها في غربتي. وودت لو عرفت ماذا جنى مَن أحال الجنّة ناراً ودخاناً! ومن آثر

أزيز الرصاص ولعلعة المدافع على مسامرة الدروب ووشوشة الأغصان.

ولمّا لم أعد أقوى على الوقوف لهول الكارثة، ألقيت نفسي إلى صخرة هناك قرب بيتي، أتّكئ عليها وعيناي تقبّل "ذا الجدار وذا الجدارا" حيث الذكريات عالقة على كلّ حجر. فأقرأ عليها ما لا يقرأه سواي، وأردّد مع المتنبي: "لكِ يا منازلُ في القلوبِ منازلُ".

فهنا حكايات وحكايات، وهناك تواريخ سهرات وآمال في فنجان، أو هرطقات أولاد حول ورق، أو رندحات أمّ حول سرير رضيع.

وهاهنا كم ضحكنا وفرحنا! وكم نمنا وقمنا أو بكينا ونُحنا!

تابعت سيري وئيداً وبخطى ثابتة متثاقلة، أتفقّد ذكرياتي الضائعة بين الأطلال.

وكيف لي أن أنسى أيّام طفولة عبرتْ وعلقتْ في الأذهان؟ فهذي الحفافي تشهد كم خدّشت أقدام أولاد حفاة، يسعَون جاهدين وراء فرخ عصفور لا يقوى على الطيران، أو باشق قد اخترقت قدمه أو أحد جناحيه حبّات الخردق الساخنة.

وهذه الزمزريقة! كم تعمشق بها بعضهم يطلبون الشهد من ذاك الزهر الماورديّ! وشجرة البطم تلك! كم كمنوا تحتها والنقّيفات في أيديهم، علّهم يصيبون بحصاها الصغيرة بعض الطيور الواردة دون دعوة إلى مأدبتها الكريمة!

وبساتين اللوز والتين! كم غزاها أولاد الجيران وهي لم تنضج بعد، فتبغتهم صيحات الناطور ويولولون مختبئين بين هشيم القندول والسنديان!

عفاريت بلدتي الصغار هؤلاء كبروا وتاهوا في جميع أنحاء الدنيا. وهيهات أن يعودوا صغاراً! أو أن يرجعوا إلى حيث نشأوا بين البيادر المسمّرة ومعاصر الدبس وجرار العرق والنبيذ العتيق!

ها هي كنيسة بلدتي! هي والجرس توأمان. و لم يفترقا منذ خمسين سنة. لقد طلّق أحدهما الآخر رغم تحريم الطلاق عندهما.

وهوذا العقد قد تفسّخ. ورائحة البخّور تبعثرت مع الريح. وجموع المصلّين جرفهم السيل الجاحف ورماهم بعيداً، وبعيداً جداً.

فيا رنّات الجرس اقرعي! ويا تراتيل العيد عودي! فقد طال الفراق وجمل العناق! فهل يا ترى نعود؟

هنا، وبعد أن بكى بعضي على بعضي معي كما قال ابن المعتز، وبعد أن كان لي ما كان لكثير "في القرب تعذيبٌ وفي النأي حسرةٌ"، قطعتُ زيارتي لبلدتي وعدتُ ورفيقي من حيث أتينا، إذ لم أعد أقوى على رؤية الشوك ينبت مكان الورود، ونار الجريمة تمحو جنة الآباء والأجداد.

عدت ورجائي أن أعود ثانية وقد بان الفجر وانهزم ضباب العتمة. فتعود شلّة الصبايا وهمّة الشبّان تبنيان معاً مجداً جديداً وأملاً زاهراً لا يزول.

# وقالوا: "عائدون"

بعد ثماني عشرة سنة من وقوع ما لم يستشفّه أحد من وراء حجب الغيب في لبنان، وما لم يكن أحد ليتوقّع حدوث ما حدث، وبعد ثماني سنوات من الكارثة الوطنيّة التي عُرفت بالتهجير، وبعد أن انتهت ربّما لعبة الأمم التي دارت دورتها على تلك الأرض الطيّبة، وعلى ذاك الشعب الهنيء المسالم الذي لا حول له ولا قوّة، وفي أواخر عام ١٩٩٢م، قالوا لنا: "قريباً ستعودون".

– إلى أين؟

– إلى قراكم ودياركم ومسقط رؤوسكم. إلى حيث لعب أولادكم صغاراً وبنيتم للمجد دياراً.

إنّها لأمنية طالما انتظرناها ولَطالما تشوّقنا إليها وكدنا نذوب حنيناً وصبابة إلى حيث تراب الآباء والأجداد، وإلى حيث كحّل النور لأوّل مرّة عيوننا. فالمرء أينما حلّ توّاق ونَزوع دائماً إلى وطنه "وحنينه أبداً لأوّل منزل". فكيف به ووطنه جنّة الخلد، لبنان، و"ضهر المغارة" فردوسه المفقود؟

حبّذا وينجلي الضباب ويسطع النور من جديد بهيًّا، وتبدو المعالم واضحة نقيّة، وتُطوى إلى غير رجعة صفحة قاتمة من تاريخ هذا البلد ليبقى كما نريده منارة الشرق ورائد الحضارة، شامخاً بأرزه، متّضعاً بسهوله، عالياً بجبله، هادئاً ببحره، حالماً بأوديته، دافقاً بأنهاره. ويبقى شعبه متّحداً بأهدافه، فخوراً بمواطنيّته.

وإذ ننام حالمين بعودة قريبة إلى أحضان الضيعة، نرجو أن نستفيق وحلمنا حقيقة، ورجاؤنا واثق، وإيماننا صادق. وتعود لنا أيّام زمان، أيّام راحة البال وهدوء الحال. فترتاح القلوب وتبتهج النفوس وتنشرح الصدور ونعود نبني من جديد أملاً دائماً وحلماً سرمدياً يسطع بالحقيقة والجمال.

# وعُدنا

قالوا لنا: "إرحلوا" فرَحلنا. وقالوا: "عودوا" فعُدنا.

فلا عرفنا ولا عرفوا لماذا تمّ كلّ ذلك.

إنها طبعاً لعبة الكبار. فأحجار الشطرنج في أيديهم. وويل لمن كان حجراً في تلك اللعبة!

ومهما يكن من أمر، فنحن نودّ أكل العنب. وما لنا وللسياسة في مناوراتها، وللسياسيّين في ألعابهم. يكفينا أن نعود إلى قرانا حيث نشأنا وحيث امتدّت جذورنا ونمونا.

ما يقارب الثلاثة آلاف يوم، بساعاتها ودقائقها وثوانيها، عشناها بعيداً عن قريتنا، تائهين في أصقاع الدنيا الغريبة، نفتّش عن بديل لها و لم نهتدِ. وكيف لِمَن فقد فردوساً أن يحظى بآخر؟

عدنا إلى فردوسنا المفقود، بعد ثلاثة آلاف يوم من حنين البعاد وأسى الفراق ولوعة المشتاق. عدنا إلى تلك الأرض الطيّبة نتنشّق رائحة التراب البكر، وعطر القندول والبلاّن، وأريج الطيّون والبيلسان. عدنا نحتفي مع الطيور بقدومنا. فقد افتقدتْنا طويلاً. فها هي القبّرة تطير وتحطّ قرب الفدّان، وعصفور الطيّون ينطّ أمامنا، ورفوف الدواري تنتظر عودة مأدبة البركة إلى الكروم. وأسراب الترغلّ والوروار تحور وتدور ثمّ تختبئ بين أفنان الخرنوب والسنديان، علّها تتواري عن أعين الصيّاد وتطول بالتالي إقامتها بيننا.

ها هوذا البيت الذي بنيناه بعرق الجبين يفتح ذراعيه من جديد، فيستقبل بين حناياه أولاده الأصيلين، وتعود إلى أجوائه شيطنات الصغار وضحكاتهم، فتردّد

الجدران صدى نشوتهم، والأرض وقع خطواتهم، وتعلو في أجوائه أهازيج المرح والحبور، وتشاركهم الفراشات تلك الفرحة برقصات بهلوانية من قرب النافذة، والقلوب جذلى بأغانٍ سحريّة خفيّة.

كيف لنا أن ننسى قيلولة فلّاح يتكئ على جذع سنديانة؟ وقد أرهقه العمل، والنسيم العليل يلاعب خصلات شعره، يجفّف عرقه ويرطّب الأجواء.

تُرى هل ننسى تلك السنديانة تُسند سنديانة؟

لقد ضجّت شوارع بلدتي فجأة بالحياة! ومشى الدم في عروقها من جديد. وعادت إليها الحركة بأعجوبة دون دواء. وعاد موكب الشبّان والصبايا بأبهى أناقتهم وحُللهم يزرعون الطرقات ذهاباً وإياباً، والقلوب ترقص جذلاً والعيون ترنو إلى مستقبلٍ سعيدٍ زاهرٍ بالمحبّة والرجاء.

كنيسة بلدتي تنتظر زوّارها. فقد لا تناديهم بأنغام الجرس المعهودة. فالجرس طلّقها من زمان، وباتت تحنّ إليه. لقد وُلدا معاً وعاشا معاً عمراً مديداً قبل أن يفترقا.

لقد عاد إليها منكسرو القلوب يطلبون الرجاء. والمساكين بالروح يرجون ملكوت السماوات. عادت روائح البخّور تعبق بالمكان، وجموع المصلّين تحيط بالأقداس.

فيا فرحة الأطفال بالحريّة! ويا سعادة الأهلين بالعودة إلى الجنّة بعد طول هجر! ويا أبناء بلدتي، هاتوا المعاول والفؤوس، واحملوا المناجل والرفوش، وهبّوا يداً واحدة في إعمار بيتكم وترميم قريتكم وإحياء أرضكم. وتمثّلوا بـِ "شبل المغارة" الذي جبل تراب أرضكم بعرقه ودمه لتجود بكنوز المحبّة والحريّة والسلام.

فتنعّموا بمجد ذاك التراب. وإنّنا، نحن المهاجرين وراء البحار، نتطلّع إلى ذاك اليوم الموعود، حيث نعود إلى أحضان الضيعة ننعم بنسيمات السنديان والملّول، ونتذوّق شهد الثمر المعسول، ونسرّح الأنظار في رياضنا الخضراء، ونعفّر جباهنا

وأيدينا في تراب الآباء والأجداد فنتبارك به ونتمجّد.

ربّ! هب لنا نعمة لقاء الضيعة! فنِعمُك لا تُحصى ولا تُعدّ!

كفانا غربة وضَياعاً! فلا تحرمنا نعيمك الأرضيّ، ولا تجعلنا نردّد مع أحد القائلين: "الناس يفرحون ويمرحون، وأنا وحدي كمَن لم تأتِه بشارة العيد".

# كلمةُ شكر

في الختام لا يسعني إلاّ أن أشكر كلّ من زوّدني بموادّ وأخبار أغنت هذا الكتاب. وأخصّ بالشكر منهم الأستاذ صبحي جورج داغر (صاحب تصدير الطبعة الأولى)، الذي مدّني بالكثير من معلوماته القيّمة نقلاً عن جدّه إبراهيم. وكذلك السيدين شربل كميل داغر، وفؤاد نجيب داغر، اللذين قدّما إليّ الوثائق التاريخيّة النادرة التي لُحِظت في هذا الكتاب.

وكذلك كلّ تقديري ومحبّتي إلى كلّ مَن سعى من قريب أو من بعيد في تنفيذ وإخراج وطبع هذا الكتاب. وأخصّ بالذكر السيد أندره نعمه.

فمِن الغبن أن نترك أجدادنا الذين صنعوا تاريخنا يتطلّعون إلينا من دنياهم لائمين وعاتبين، دون أن نحيي ذكراهم ونبارك مثواهم عرفاناً بالجميل، وتقديراً لخدماتهم وجهادهم. وإنّي لست أبغي من وراء كتابي هذا أجراً أو شهرة أو شكراً، بل خدمةً لعائلتنا الكريمة، ووفاءً للأجداد السالفين.

# فهرس

| | |
|---|---|
| تصدير الطبعة الثانية | ٧ |
| تصدير الطبعة الأولى | ٩ |
| مقدِّمة | ١٣ |
| متَى كانَ ذَلك؟ | ١٨ |
| وأينَ كانَ ذَلك؟ | ٢٠ |
| هويَّة شِبلي داغِر | ٢٥ |
| عائلة إبراهيم داغر | ٢٧ |
| عائلة شِبلي داغر | ٢٩ |
| في بقعون | ٣١ |
| وثائق | ٣٥ |
| شبلي داغر في الدلهميَّة | ٤٩ |
| أوصافُه | ٥١ |
| حلمٌ كبير | ٥٣ |
| شبلي في أرضِ ميعادِه | ٥٥ |
| شُركَاءُ عَمُّون | ٥٧ |
| إمتلاكُ الأراضي | ٥٨ |

| | |
|---|---|
| حبيب داغر وامتلاكُ الأراضي | ٦٠ |
| أقدَمُ الوثائق | ٦٢ |
| إقتسامُ الأراضي | ٧١ |
| إيمانُ شِبلي داغر | ٨٠ |
| وفاته | ٨٢ |
| فصولٌ مِن حياتِه | ٨٤ |
| العَنْزُ "قشُّوعَة" | ٨٥ |
| أجراس المَعْز | ٨٧ |
| خيبةُ ضَبع | ٨٩ |
| مهمَّةٌ على المَحكِّ | ٩١ |
| شِبلي والشيخ | ٩٣ |
| أنتَ هو! | ٩٥ |
| في الطريقِ إلى ديرِ القَمَر | ٩٦ |
| شِبلي وصِهرُه | ٩٧ |
| سلامَةُ الطفولة | ٩٨ |
| جُرأةٌ نادرة | ٩٩ |
| مرضُهُ بالكزاز | ١٠٠ |
| أبناءُ شِبلي داغر – فنِعمَ الآباء ونِعمَ الأبناء | ١٠١ |

| | |
|---|---|
| فصولٌ من سيرةِ أبناءِ شِبلي داغر | ١٢١ |
| الولدُ الرجُل | ١٢٣ |
| في جبل عامل | ١٢٤ |
| قصّتُهم والضبع | ١٢٧ |
| مزاحٌ بريء | ١٢٩ |
| كنعان وابن الدوير | ١٣٢ |
| لغة الأبقار | ١٣٤ |
| الثورُ الثائر | ١٣٥ |
| ملحم والتحدّي | ١٣٦ |
| نِعمه ودابّتُه | ١٣٨ |
| حَشوةٌ غَريبة | ١٣٩ |
| حرامي | ١٤٠ |
| حِسنُ تَصَرُّف | ١٤١ |
| كلمةٌ ومُبادَرة | ١٤٣ |
| مَعاصِرُ الدبس | ١٤٤ |
| شِبلي داغر الحفيد | ١٤٥ |
| أبناء حبيب داغر | ١٤٦ |
| أبناء فارس داغر | ١٥٢ |

| | |
|---|---|
| عائلات ضهر المغارة | ١٥٥ |
| شجرة العائلة | ١٥٨ |
| ضهر المغارة حتى عام ١٩٨٥م | ١٦٢ |
| فاكهة "ضهر المغارة" | ١٦٥ |
| إستصلاحُ الأراضي | ١٦٩ |
| الكارثة | ١٧٠ |
| نداءٌ خفيٌّ | ١٧٣ |
| وقالوا: "عائدون" | ١٧٧ |
| وعُدنا | ١٧٨ |
| كلمةُ شكر | ١٨١ |